Entre vícios
e virtudes

Dados Internacionais de Catalogação na Publicação (CIP)
(Câmara Brasileira do Livro, SP, Brasil)

Militello, Cettina
  Entre vícios e virtudes : a vida cristã frente aos desafios do mundo e da Igreja / Cettina Militello ; tradução de Leonardo A.R.T. dos Santos. – Petrópolis, RJ : Vozes, 2021.

  Título original: Virtù e vizi
  ISBN 978-65-5713-166-4

  1. Ética 2. Pecados capitais 3. Vícios 4. Virtudes I. Título.

21-59330   CDD-241.4

Índices para catálogo sistemático:
1. Virtudes : Aspectos religiosos : Cristianismo
241.4

Cibele Maria Dias – Bibliotecária – CRB-8/9427

Entre vícios e virtudes

A vida cristã frente aos desafios do mundo e da Igreja

Cettina Militello

Tradução de Leonardo A.R.T. dos Santos

EDITORA VOZES

Petrópolis

© 2019 Edizioni San Paolo s.r.l.
Piazza Soncino 5 – 20092 Cinisello Balsamo (Milão) – Itália
www.edizionisanpaolo.it

Tradução realizada a partir do original em italiano intitulado
Virtù e vizi – Tema, contrappunto e variazioni.

Direitos de publicação em língua portuguesa – Brasil:
2021, Editora Vozes Ltda.
Rua Frei Luís, 100
25689-900 Petrópolis, RJ
www.vozes.com.br
Brasil

Todos os direitos reservados. Nenhuma parte desta obra poderá ser reproduzida ou transmitida por qualquer forma e/ou quaisquer meios (eletrônico ou mecânico, incluindo fotocópia e gravação) ou arquivada em qualquer sistema ou banco de dados sem permissão escrita da editora.

CONSELHO EDITORIAL

Diretor
Gilberto Gonçalves Garcia

Editores
Aline dos Santos Carneiro
Edrian Josué Pasini
Marilac Loraine Oleniki
Welder Lancieri Marchini

Conselheiros
Francisco Morás
Ludovico Garmus
Teobaldo Heidemann
Volney J. Berkenbrock

Secretário executivo
João Batista Kreuch

Editoração: Maria da Conceição B. de Sousa
Diagramação: Sheilandre Desenv. Gráfico
Revisão gráfica: Nilton Braz da Rocha
Capa: Érico Lebedenco

ISBN 978-65-5713-166-4 (Brasil)
ISBN 978-85-215-7373-6 (Itália)

Editado conforme o novo acordo ortográfico.

Este livro foi composto e impresso pela Editora Vozes Ltda.

Sumário

Introdução, 7

A acídia, 17

A avareza, 25

A gula, 35

A inveja, 43

A ira, 51

A luxúria, 59

A soberba, 69

Interlúdio – Entre vícios e virtudes, 79

Justiça e fortaleza, 87

Prudência e temperança, 95

Integração bibliográfica, 103

Introdução

Nos últimos tempos, como em tempos mais distantes, excelentes autores trataram dos vícios capitais e, nos mais variados contextos, tratou-se das virtudes. Este pequeno ensaio – nascido da coletânea de alguns escritos já dirigidos ao público em geral graças à mediação da *Vita Pastorale* [Vida Pastoral] – pretende fazer o mesmo, abordando questões que, à luz do legado que evocam e das implicações que apresentam, intrigam e suscitam questionamentos.

Um escrito sobre vícios e virtudes não pode senão começar dos primeiros. E não pode deixar de partir de uma consideração: não é difícil compreender a conexão entre os vícios capitais e certas feridas que afligem o nosso mundo e a Igreja em que vivemos. Se os colocarmos em fila simplesmente em ordem alfabética – acídia, avareza, gula, inveja, ira, luxúria, soberba – veremos emergir o fio sutil que emaranha nosso tempo até a soberba, temporariamente lida como incomunicabilidade programática, subtração de si mesmo – por excesso de autoestima – à provocação da alteridade, seja ela qual for.

Vícios capitais, então... Mas por quê? Tentemos, então, colocá-los de modo a oferecer alguns elementos que nos permitam apreender a inteligência que se construiu sobre eles no passado e no presente. De onde vem a palavra "capitais", por exemplo? Vamos começar dizendo que chamar os vícios de "capitais" não evoca sublimidade ou elevação, mas sim a ideia de "chefia" – numa linguagem atual, "cabeça da rede". De fato, os vícios capitais agregam em torno de si uma multiplicidade de atitudes não virtuosas; eles agrupam diferentes situações, referindo-se precisamente à esfera semântica de cada um dos vícios.

Nós os chamamos de vícios, mesmo quando – eu não sei se por extrema ironia ou protesto secularizante e secularizado – nós até tomamos a defesa de ofício (aconteceu, há alguns anos, em um programa de televisão) ou, como também aconteceu, faz-se disso o tema de um festival. E por que reclamar disso? Tudo faz caldo. Um festival da gula? E por que não. Da luxúria? Por que não? E ainda da avareza, da acídia, da ira...

A questão séria, no entanto, é aquela que endossa essa atenção: a ambivalência constitutiva do vício, uma ambivalência análoga à da virtude. Entre o vício e a virtude há uma estreita e quase íntima relação, porque, se esta se configura como poder, capacidade, virtualidade, aquele declina ou confessa uma impotência, uma incapacidade, uma não virtualidade. Mesmo aqui, no entanto, a fronteira é muito tênue. Há, de fato, um potencial e uma capacidade também no vício. Isso pode ser entendido ligando-se ambos à esfera semântica da "paixão", à qual o vício e a virtude estão relacionados.

Pensando bem sobre isso, porém, a paixão é neutra. Também é ambivalente, já que o julgamento a conota em sua declinação final, objetiva e determinada. Lembro-me da sutil distinção de João Crisóstomo em relação à concupiscência, chamada boa ou má apenas em sua realização concreta. Segundo ele, a atração mútua entre homem e mulher é boa; torna-se ruim apenas em sua tradução desordenada.

De vícios e virtudes já falava aquele mundo antigo que costumamos indicar no signo de nossas "raízes". Deve-se dizer, no entanto, que a cultura cristã desempenhou seu papel na revelação da bivalência de vícios e virtudes. Em suma, a naturalidade inerente à virtude como também ao seu oposto, por meio do cristianismo foi exposta como polaridade, como dialética.

Se a antiguidade greco-romana, passando por Aristóteles e pela stoa até Cícero e Sêneca, fez dos vícios o objeto de reflexão ética e antropológica, o cristianismo o aceitou definitivamente com a engrenagem extra de sua transculturação, ancorando-os definitivamente à responsabilidade moral para com Deus, os irmãos e a comunidade eclesial. A importância que assumiram levou Gregório Magno a chamá-los de "capitais". Daí todo um desenvolvimento de pensamento, no curso do qual um papel particular foi desempenhado por Tomás de Aquino, que os introduziu no catecismo que escreveu para o então arcebispo de Palermo, estabelecendo assim um precedente então mantido em todos os catecismos. De Tomás depende Dante, que os usa para catalogar seus grupos purgativos. Assim, chegamos aos moralistas profissionais que – cito dois entre tantos – diminuirão os vícios de acordo com a perspectiva contextual de sua contextualização histórica; refiro-me a Antonino de Florença que, vivendo na época dos Médici, está particularmente atento às "finanças criativas" de seu tempo e, portanto, lê os vícios em sua concretude imediata; também me refiro a Afonso de Ligório, que, por sua vez, elabora uma casuística detalhada.

Mas por que identificamos sete vícios? Essa também é uma boa pergunta. Sete, como sabemos, é um número fascinante, um número "simbólico"; isto é, que expressa a totalidade. Outros números têm o mesmo encanto cultural: doze, quarenta, setenta... Do doze sabemos que repropõe a organização mensal do ano solar; do quarenta sabemos que evoca uma periodização completa, seja em dias ou anos; o setenta é semelhante, referindo-se a pessoas ou periodização. Setenta, no entanto, é um múltiplo de sete: é como dizer o sete por dez vezes; e facilmente vem à mente o evangélico "setenta vezes sete".

A Cristandade sentiu o fascínio do sete. De fato, fez do setenário uma pedra angular – penso nos sacramentos, nos dons do Espírito, nas sete petições do Pai-nosso. Em nosso caso, os sete pecados capitais estão em oposição às virtudes, que sete não são, mas se tornam, se somarmos as três virtudes teologais às quatro cardeais.

O sete, número global, antecipa não apenas a dialética passional vícios-virtudes, mas nos diz sua suposição declarada em uma moldura teológica cristã.

De onde provêm os termos acídia, avareza, gula, inveja, ira, luxúria, soberba? Essa é também uma questão curiosa. De fato, nossos referentes culturais, sejam eles pagãos ou cristãos, tentam – mesmo que não para todos os vícios – nos dar uma explicação. Tratam-se de etimologias imputadas ou reais. Cícero tenta oferecer uma explicação no que tange ao mundo antigo. Entre os cristãos, é claro, Isidoro de Sevilha entra em cena, que justamente em *Etimologias* faz tema específico da discussão. No Oriente, é João Damasceno quem procura oferecer uma resposta.

Eu dizia que nem todos os vícios têm um significado hipotético disponível. Por exemplo, a soberba é considerada a partir do termo *supra*; a avareza é derivada do metal com o qual as moedas eram cunhadas: *aviditas aeris* [avareza de bronze], *philargiria* [amor pela prata]; a luxúria é reduzida a *solutio* [*in voluptate*]: o dissolver-se (no prazer) [daí a palavra voluptuosidade]; a gula nos leva à figura retórica da metonímia – isto é, a parte física, orgânica que representa o próprio vício – e à figura da sinédoque – em parte pelo todo, que representa o excesso de encher a garganta, tanto em comer quanto em beber [em latim, *gula* significa literalmente garganta, algo que o italiano preservou ao chamar de *gola* o vício e a parte do corpo].

Os vícios e as virtudes são objeto de diferentes atenções. Basicamente, eles representam o jogo da vida. Se as virtudes, em sua apresentação moralista, acabam sendo chatas, a representação dos vícios, por outro lado, também acaba sendo pedagogicamente mais efetiva. Especialmente se a ironia é uma arma sutil e poderosa para dobrá-los. A esse respeito, como poderíamos esquecer certas figuras literárias do mundo clássico que nos chegam por meio da deformação cômica dos tipos. Penso em Plauto, com seus pais avarentos e seus filhos dissolutos, com suas cortesãs venais e com a multidão de parasitas e gananciosos com os quais ele nos transmite os originais gregos perdidos. E, na era moderna, penso em Molière, em sua comédia "de caráter", na qual encontramos o avarento, o hipócrita, o sedutor. Nem sempre é imediata a correspondência com o vício capital. Se assim for, nem *O avarento*, a estigmatização de *Don Juan* ou do *Tartufo* nos trazem de volta ao grupo, à rede que germina dos pecados mortais.

E, finalmente, voltando à culturação cristã, o caso mais singular é o já citado por Dante. No purgatório, sete "pês" estão impressos em sua testa; que, de fato, indicam os vícios da capital: "Da espada a ponta sete pês me havendo / Na testa aberto, disse o anjo: – 'Lava / Lá dentro estes sinais te arrependendo'" (*Purgatório* IX, 112-114). De grupo em grupo, visitando os pecadores que se purificam dos sete vícios, até o poeta vive a purificação do que ele chama de "feridas". No pano de fundo dessa expressão está o grande Abelardo em sua *Ética*. O curioso, e que mais uma vez nos traz de volta ao misticismo cristão do sete, é a correlação estabelecida por Dante com algumas das bem-aventuranças, também moduladas na sugestão do sete; os vícios capitais, enfim, como uma negação antagônica das virtudes que as bem-aventuranças reconhecem como condição essencial para a entrada no Reino dos Céus.

A acídia

Poderiam me perguntar: Por que começar com a acídia? Não seria esse um típico vício dos monges? Cassiano também estará certo em atribuí-la preferencialmente a eles (*Instituições Cenobíticas*, 10.2). Na verdade, ela toca todo círculo relacional que se enreda, fechando-se cansadamente em si mesmo. Monges ou casados, leigos ou clérigos, cidadãos ou governantes, fazem pouca diferença.

Começo com a acídia porque a considero *habitus* atual da Igreja, e não só. É, na verdade, um vício que evoca um "pesar", uma tristeza desmotivada que leva a uma estase indevida. Nós seríamos tentados a chamá-la de "depressão". Mas esta, ao contrário, é uma doença da alma (e do corpo); ou seja, é doença e nada mais, não imputável ao sujeito que dela padece. Penso nas palavras vibrantes com as quais João Crisóstomo conforta a Diaconisa Olímpia no exílio. A depressão – diz ele – é o pior dos males; embora, no caso em questão, compreenda-se como a amiga caiu, quase vencida pela tempestade que se abateu sobre as Igrejas.

A depressão é doença, mas a acídia não é. Um vício implica uma responsabilidade, uma escolha, a suposição de um estilo de vida ruim. E a acídia é pesar, é desejo de não fazer nada, é deixar tudo como está, sem se importar em cuidar das coisas, de saná-las. Quando nos deixamos levar pela situação, quando desistimos de agir, quando nos poupamos do trabalho de discernimento, na verdade estamos fazendo algo que é perverso, profunda e incomensuravelmente perverso. Olhemos em volta. Por quase um século ouvimos falar de agonia da Cristandade e, agora, do fim da Cristandade; mas, ainda assim, o que fazemos? O que fazemos como sujeitos eclesiais, cada um responsável à sua maneira? Nós nos arrastamos asfixiados, ficamos por aí como adolescentes lutando contra o mal-estar da idade; nós, adolescentes que não somos e em cujas mãos está a responsabilidade de projetar a Igreja do futuro.

Se leigos, conseguimos sobreviver, especialmente porque a nossa opinião não conta muito; se diáconos, desistimos diante de uma falta fundamental de interesse por um ministério que, no fim das contas, não está claro por que foi restaurado; se presbíteros, cansamo-nos ao cair na rotina dos compromissos de terços, adorações, peregrinações e procissões – tudo bastante cansativo, uma panaceia, eu diria, antes do êxodo inexorável dos fiéis; se bispos – com muita frequência – como antigos alunos do passado, marcamos no calendário os dias que restam antes de renunciarmos ao cargo. Não seria verdade que, na melhor das hipóteses, nosso ativismo é um narcisismo estéril, uma busca dolorosa por detalhes decadentes, absolutamente incongruentes diante da crise de nossas comunidades e de toda a Igreja?

Houve um tempo em que a acídia atingia apenas os monges porque a sempre igual passagem do tempo, na *stabilitas loci*, e o círculo restrito de relacionamentos concorriam para que estes deixassem para um segundo plano a vontade de viver. Hoje a acídia toca todos nós, e com ela sua numerosa família: malícia, rancor, pusilanimidade, desespero, torpor, distração, ociosidade, instabilidade, verbosidade, inquietação corporal e espiritual, curiosidade vã...

E quem diria que a verbosidade é filha da acídia? No entanto, quantas palavras vãs inserimos uma depois da outra, das quais teremos de prestar contas; palavras que distorcem na raiz o próprio privilégio da linguagem verbal, aquilo que nos distingue como pertencentes à raça humana.

Compreendemos imediatamente a conexão entre a acídia e o desespero (em sentido forte, queremos dizer: aquilo que nos leva a questionar o amor misericordioso de Deus), o torpor, a ociosidade, a sonolência; mas a verbosidade, como a malícia ou o rancor, como podem ser filhos da acídia?

Acredito que o núcleo duro do problema esteja no enorme vazio deixado pela acídia. Torpor, ociosidade, sonolência pedem para ser preenchidos. E é aí que entram as nossas más distrações, as nossas fantasias viciosas, a nossa facilidade em ir buscar os pecados dos outros, a nossa piscadela – com má-fé – para as fraquezas dos outros, quase que desculpando as nossas. Sim, porque a malícia não é exagerar ingenuamente em falhas reais ou presumidas; a malícia é se deter nisso, convencer-se pela profundidade duvidosa do outro e de suas ações. A malícia é um processo de intenções que, quanto mais o alimentamos, mais escolhemos não reagir diante dele. É o rancor? Ela germina precisamente a partir da convicção de que o outro tenha se livrado ileso de alguma ação indevida, de que ninguém entendeu completamente as razões que o levaram a agir, em vez de ficar parado. A pessoa acaba projetando o próprio mal-estar nos outros, atribuindo a eles toda a sua responsabilidade. Ai daqueles que perturbam a nossa vida tranquila! Ai daqueles que nos mostram que é possível fazer o contrário! E, por outro lado, se alguém age, aqui estamos para examinar seus passos, para exigir conhecer detalhadamente suas escolhas e ações, e não para um bom julgamento, mas apenas para preencher nossa incapacidade de ir além do limiar da renúncia à ação.

Também caímos na acídia porque somos levados a isso, eu diria, em coro. – Há uma conspiração presente no incipiente adágio: "quieta, não se mova"; tanto mais que, em geral, não se trata de uma questão de coisas tranquilas – isto é, saudáveis e pacíficas –, porque são operativas e diligentes. Há o desejo de não deixarmos que nada mude nosso interior e aquilo que nos rodeia. E assim, pagamos pela segurança inquieta que a acídia oferece, porque, na verdade, praticar esse tipo de vício não nos deixa felizes. Acídia é sinônimo de inquietação, insatisfação, desejos irracionais, e a luta contra estes nos esgota a ponto de preferirmos sucumbir à fantasia inconclusiva, aquela que preenche nosso vazio e o desejo dominante de nos afogar dentro de nós mesmos.

Eu me preocupo com as pessoas "de casa", que gostaria fossem diligentes, vivazes, capazes de projetos, prontas a procurarem novos caminhos, inculturações ousadas que tornassem a fé atraente e amável à comunidade cristã. A acídia, no entanto, também é um pecado cometido na sociedade civil, não menos do que um vício capital na comunidade eclesial. É uma pena que nos atinja como cidadãos, sempre prontos a debruçar sobre nós mesmos, a nos fechar no círculo da satisfação individual, renunciando a "mudar o mundo". É tão confortável nos deixarmos mimar, delegando a responsabilidade aos outros. É conveniente nos fecharmos no silêncio do privado – talvez assombrado por fantasmas que surgem em nosso interior – para passarmos à ação violenta e mortal, especialmente àqueles mais fracos, que são presas fáceis para a nossa loucura reformadora temporária.

A acídia não é apenas um "vício periférico", pessoal; ela igualmente pode atingir indivíduos enquanto profissionais. Refiro-me aos gerentes, funcionários de todos os tipos, administradores de assuntos públicos e políticos. Como não podemos nos queixar da arte sutil de cruzar os braços, impedindo que os problemas sejam resolvidos? Pensemos nos orçamentos que não foram gastos/executados. É melhor "ir dormir com promessas que deixam todo mundo feliz". – Trata-se de um ingênuo deixar as coisas correrem. O ócio é econômica e politicamente produtivo: o dinheiro não gasto também produz seus lucros... O que importa se o crescimento coletivo for interrompido?

Podemos sair da acídia? Claro que sim! Não é por acaso que pedimos perdão a Deus também pelas omissões. E o que seria a acídia senão a omissão de corresponder aos dons recebidos, ao próprio desígnio, ao próprio projeto? Como é possível, como crentes, que deixemos a fé se apagar, fenecer as comunidades, continuarem enterrados os talentos do povo de Deus? Como é possível que, como cidadãos, governados e governantes, não especulemos sobre as escolhas, os programas, o que promove ou bloqueia o futuro do país?

O empenho é o oposto de acídia. O contrário de sua letal omissão de ação é a boa contaminação do agir, é cada um tomar partido e assumir a responsabilidade inerente ao seu talento, ao dom recebido.

A crise que estamos experimentando exige profecia, ousadia e coragem. Ela requer essa escuta recíproca, indispensável para se projetar rapidamente em direção ao futuro. E somente saímos juntos do vício coletivo quando cada um de nós faz a sua parte.

A avareza

Já mencionamos a etimologia desse vício: *aviditas aeris*, ou avidez pelo bronze. O correspondente grego *philargia*, avidez pela prata, deixa mais evidente o significado desse vício: o desejo desmedido pelo dinheiro; não gastá-lo, mas guardá-lo; melhor ainda, se as moedas forem de ouro – pensemos na figura do Tio Patinhas, com seu cofre, e nos repetidos mergulhos, no prazer de mergulhar entre as moedinhas tilintantes. Mas, na falta de bronze, prata e ouro, também cai bem o papel-moeda e o armazenamento virtual. Em todo caso, vale enquanto for dinheiro.

A avareza é, portanto, o desejo imoderado de ter, o desejo meticuloso de acumular, o desejo espasmódico de preservar. Conta mais ter do que aproveitar. Tanto é assim, que o avarento, na representação popular, vive como um mendigo, preocupado em mascarar a própria riqueza. Ela não muda sua vida; basta-lhe contemplar extasiado seu tesouro.

Alguém poderia dizer: O que há de errado nisso? Afinal, a pessoa faz mal só a si mesma, privando-se do que há de bom na riqueza: melhor qualidade de vida, possibilidade de influenciar a vida dos outros, a possibilidade de exercer o poder que a riqueza acarreta, de ser reconhecida e apreciada precisamente por causa da habilidade mostrada em manter ou alcançar a riqueza.

De fato, se esse fosse o caso, o avarento até poderia ser elogiado; seu gesto seria louvável. Mas as coisas não são exatamente assim, e o dano – ou melhor, o pecado – do qual o avarento é culpado reside na violência com a qual, por qualquer meio, acumula dinheiro, não se importando às custas de quem ou como e na desordem provocada pelo seu ato de subtrair da sociedade os bens que ele esconde "embaixo do colchão". O desejo por dinheiro a todo custo é contra a justiça. E isso, seja qual for o motivo, é sempre muito grave.

Além disso, o avarento rejeita aquela atitude da alma que nos torna benevolentes, liberais em relação aos outros. Violentamente se fecha no círculo do ter, incapaz de abrir espaço para que outros possam usufruir das coisas.

Cícero, em *De officiis* (2,20), afirma que a avareza produz "estreiteza mental". Dito de outro modo, é ofensa àquela liberalidade, àquela abertura generosa, que é o sal da vida. Sim, o romano, pagão, denuncia essa idolatria da avareza. Isso mesmo: idolatria; o dinheiro sendo reconhecido como um deus, ocupando o lugar de Deus. Um deus confortável, claro; surdo e mudo, fechado, egoísta, satisfeito consigo mesmo, impermeável a nada além de seu brilho; um deus a ser adorado com pouca despesa: sem flores, velas, incenso e, mais ainda, sem exigências, obrigações, deveres.

João Crisóstomo vê o avarento como um homem possuído que age exatamente ao contrário daquele que em Mc 5,15 é libertado por Jesus (cf. *In Matth.* – Hom. XXVIII: PG 57,355). O *frenesi* da possessão faz com que o endemoninhado da perícope se despoje, livrando-se de tudo; o *frenesi* do avarento leva-o a revestir-se de tudo, a não deixar nada para os outros, a tudo reter em sua presumida vantagem.

Aristóteles (*Ética,* 5,5,14), antes de ambos, rotulou a avareza como aquela que vira a ordem social de cabeça para baixo, fazendo com que tudo obedeça apenas ao dinheiro. Em outras palavras, nenhuma idealidade, nenhuma hierarquia de virtude, nenhuma emulação cívica saudável, mas uma perversão de boa ordem, uma subversão dos pilares que estabelecem a boa vida comum. O avarento é um cidadão parasita, um cidadão que não dá nada a ninguém. O avarento vive no signo de um "autismo" atribuível a uma escolha precisa, sendo, por isso, repreensível e vicioso.

Na *Divina comédia*, como sabemos, os vícios mortais são expiados no purgatório. O canto XIX retrata Dante e Virgílio que visitam o círculo dos avarentos, e entre eles encontra-se Adriano V. O castigo que lhe é dado é o contrapasso do pecado cometido: "Como a avareza em nós tinha extinguida, / A propensão ao bem, aos santos feitos, / Assim nos tem justiça a ação tolhida" (v. 121-123). Se a justiça dá a cada um a parte que lhe cabe, o avarento não dá nada a ninguém, nem a si mesmo. Assim, extingue o amor por qualquer outro bem, bloqueando e impedindo todo empenho, toda iniciativa, tanto em seu favor quanto dos outros. Esse deter-se sobre si mesmo, inclusive obstinando-se sobre si mesmo enquanto não comprometer o bem presumido – com resultados grotescos evidenciados na famosa comédia de Molière –, infelizmente prolifera. A avareza também tem muitas filhas. Segundo Isidoro de Sevilha, são suas filhas "naturais": a mentira, a fraude, o roubo, o perjúrio, a desumanidade e a rapacidade. Segundo Aristóteles, dela derivam a usura, a espoliação dos vivos e dos mortos, o roubo.

Mas a avareza se situa apenas no nível do ter, no sentido da monetização a qualquer custo? Eu não creio nisso; ela não está somente nesse âmbito.

Naturalmente, conhecemos os avarentos no sentido estrito do termo. Nós o encontramos na Igreja, assim como na sociedade; mas, em minha opinião, há, em um e em outro âmbito, os avarentos de outro tipo.

Eu chamo de avareza a fruição privada da verdade, talvez elaborada à sua própria maneira. Chamo de avareza a mesquinhez de espírito que torna a pessoa incapaz de prestar atenção em outras; a atitude eclesial preguiçosa e solitária que prefere o conforto das igrejas vazias ao compromisso e à extroversão do anúncio; tudo o que é fechado, que se aquece no bem presumido ou na própria razão, sem jamais se abrir às razões dos outros, muitas vezes até maquiavelicamente cega aos danos que tal atitude produz a ela ou à instituição que age dessa forma.

É conveniente custodiar zelosamente as próprias crenças, independentemente do que a levou ao longo do tempo. É fácil, por exemplo, rotular com a palavra "natureza" tudo o que, de outra forma, nos obrigaria a repensar ou restabelecer nossas posições. A avareza, em suma, como uma arte residual do *niet*, do não a todo custo, em nome de valores que não são mais tais, que deveriam pelo menos ser reculturados em diálogo com a mutação em progresso. Não se trata de ceder ao relativismo. É uma questão de entender que o cristianismo é um vencedor quando ousa se abrir, sair de si mesmo, dialogar com as culturas; quando se gasta fora do seu recinto, do bem precioso de uma suposta salvação adquirida, para torná-la disponível também aos outros.

Estamos realmente livres da mentira, da fraude, do roubo, do perjúrio? Acaso não defendemos uma ideologia, em vez da fé, e a espalhamos como verdade cristã? Não seria uma fraude a nossa incapacidade de mediar, adquirir os valores dos outros? Não ocorre que perjuremos de algum modo toda vez que veiculamos como se fosse de Deus algo ou alguém que dele não é? E não existe desumanidade em nosso relacionamento com os outros, homens e mulheres? Acaso não espoliamos vivos e mortos, tentando prever o paraíso?

O que tememos? O que queremos tirar de nós? Que *totem* guardamos, confundindo-o com Deus? Qual é o significado de sermos Igreja se somos incapazes de compaixão, de diálogo, de comunhão?

O quadro sociopolítico também não é menos deprimente. Também aí, defender um privilégio a qualquer custo faz com que alguém seja igualmente mesquinho; tão voraz, tão disposto a escravizar qualquer um, apenas para desfrutar narcisicamente de seu próprio poder. Ali, talvez, o perjúrio seja mais evidente, seja sagrado ou dessacralizado. Resta o vazio da palavra dada, dos compromissos assumidos e depois não mantidos, mesmo virados de cabeça para baixo e distorcidos em nome de seu próprio lucro antissocial.

É possível se curar da avareza? Claro que sim. Como Igreja, basta abrir portas e janelas e compartilhar nosso tesouro: um Deus derrotado, um Deus crucificado e, mesmo assim, vitorioso e ressuscitado. Participar de sua vitória, no entanto, não nos isenta de imitá-lo, de sofrer, dialogar e curar os outros como Ele fez, curvando-se sobre homens e mulheres, sem recusar quem quer que seja; na verdade, escolhendo os últimos. Como comunidade civil, basta deixar de repetir as razões da casta, seja ela qual for; deixar de transmitir o lugar de uma geração para outra com avareza, impedindo qualquer mudança, como se isto ou aquilo fosse inscrito em um direito herdado. É suficiente governar a imaginação, tornar-se humano, liberal, em nome da gratuidade. Aqui, de fato, a gratuidade é o oposto da avareza. Quando essa virtude ocupar o centro, cristãos e cidadãos certamente terão dado nova forma à Igreja e à sociedade.

A gula

A metonímia para comida ou bebida, a gula [na origem, garganta] diz o órgão de passagem de comida; torna-se indicativa de um vício que realmente difícil de focar em nossa situação cultural. Como podemos falar sobre o pecado – ou melhor, sobre o vício capital – no bombardeamento obsessivo sobre o comer e o beber, do qual somos objeto? Somos especialistas em vinho, óleo, massas, carnes, queijos e sobremesas. Para o mais rude e franco – eu diria austero –, a consideração da comida na cultura rural foi substituída pela atenção obsessiva aos detalhes, a uma enorme elegia de sabores, perfumes e aparência – que também tem a sua razão –, considerando-se que a comida é frequentemente proposta como uma obra de arte; certamente efêmera, mas suficiente para deleitar os olhos e o olfato, além do paladar.

É desnecessário dizer que a pequena parte da humanidade que diligentemente distingue as nuanças das cebolas ou batatas e as associa com carne, o peixe ou vegetais, coexiste com aquela parte majoritária à qual é negado o mesmo alimento e para a qual, portanto, harpejos olfativos e acordes gustativos contam muito pouco ou nem contam na luta diária pela sobrevivência. O paradoxo, de fato, está nisso: precisamos absolutamente comer e beber; sem comida e água, resistimos muito pouco. E, por outro lado, a comida e a água são escassas, insuficientes para todos, no sentido de que sua distribuição injusta permite que alguns sejam obesos – num sentido real e num sentido metafórico –, enquanto leva muitos à condição esquelética pela fome e pela sede. Que mundo é este, no qual coexistem pacificamente tais paradoxos? É melhor nem perguntar. Tanto é assim que, ao ouvirmos sobre a luta pela vida, a questão espontânea é: Mas do que estamos falando? Como podemos, como cristãos (enquanto homens e mulheres), endossar um mundo que condena à morte todos os dias centenas de milhares de seres humanos; mulheres e crianças em particular? Como podemos nós como cristãos (enquanto cidadãos) endossar uma ordem econômica e política global que despreza as necessidades primárias da maioria da humanidade e a escraviza – até mesmo a suprime –, nada antepondo ao seu projeto hegemônico?

A gula, no entanto, não leva em conta esse drama, mas estabelece uma relação decomposta e aberrante com a comida. O guloso é aquele que vive apenas para comer. Para ele, a vida não tem outro propósito além disso: comer em excesso, engolir além da medida, empanturrar-se, de acordo com o dito de "não comer para viver, mas viver para comer". Nem é questão de qualidade; é quantidade. O que está em jogo é a saturação crapulosa, o empanturrar-se até explodir.

Nisso concordam os mestres medievais. Tomás (*STh.*, II/II, q. 148, a. 4) recebe de Alexandre de Hales e Alberto Magno o verso *praeponere, laute, nimis, arden-*

ter, estudiose. De uma maneira mais curta e breve, quase uma fórmula para lembrar, estes termos – apoiados por uma referência mais ampla a Gregório Magno (*Moralia*, 30.18) – nos dizem que o nó da questão não está em comer e beber, mas sim nas circunstâncias degradantes do comer e do beber: estocar alimentos, mesmo antes da necessidade, excedendo na qualidade e na medida, entregando-se ao comer com desejo, passando de paladar em paladar, de odor em odor, sempre laboriosamente procurando e inventando algo novo. Em outras palavras, é a bestialidade que o vício revela, uma regressão do nível do humano, um bloqueio à instintividade incapaz de receber e de elaborar o sinal da saciedade. Nesse retorno à primitividade há apenas o preenchimento imediato e imoderado das necessidades primárias, um apagamento oposto ao imediatismo de certa ascese imoderada que temperava com cinzas a própria refeição.

Isso, no entanto, abre o caminho não apenas para a degradação, mas também para a doença. "A garganta [ou a gula] mata mais do que a espada", diz um antigo provérbio. E, de fato, a gula, o vício da garganta, estimula toda uma série de disfunções metabólicas que não estamos listando. Lá onde a relação com a comida não é guiada pela razão – mas pela animalidade crua –, a consequência de se alimentar acaba sendo irrelevante. Apenas a satisfação imediata conta; e, repito, imoderada. Os resultados são aqueles que conhecemos bem; autodestrutivos. Precisamente por isso, no clima cultural atual, o vício da glutonaria não aparece tanto em seu traço ético de pecado (ofensa grave a Deus, aos irmãos, à criação), mas como sinal de um mau relacionamento conosco, com nosso corpo e, consequentemente, com os outros. A obesidade, a anorexia e a bulimia – ainda mais traiçoeira no uso/desuso da comida –, mais do que vícios, são caracterizadas como doenças; sinais corporais de desequilíbrios psíquicos profundos. A comida, afinal de contas, é uma figura de autoaceitação ou de autorrejeição e, como tal, é capaz de abrir ou de despedir a pessoa da vida e dos outros, mais ou menos conscientemente. Assim, torna-se realmente difícil distinguir entre vício e doença, entre responsabilidade e irresponsabilidade. Pode-se observar que a atenção excessiva aos modelos estéticos e a insistência desequilibrada em ter um corpo saudável/ bonito estimulam determinadas doenças disfuncionais em relação à alimentação. Assim, podemos mais do que imputar tais vícios aos indivíduos, mas à sociedade como um todo e aos seus modelos.

O apelo cultural aos modelos – desviados ou desviantes – requer atenção especial à bebida. As crônicas registram os incontáveis incidentes relacionados ao alcoolismo e ao consumo excessivo de álcool. Sendo uma maneira frágil e fácil de sair dos males da existência – uma espécie de constante cultural –, é preocupante o uso que as gerações jovens fazem do álcool. O que nos traz de volta a Tomás (*STh.*, III, q. 148, a. 6) e às filiações do vício da gula, especialmente prolíficas no sentido do beber (não por acaso, as seguintes constatações dizem respeito à sobriedade e à ebriedade): esbórnia leve/triste sem motivo, ressaca, indecência, falatório sem sentido, insensibilidade. Acrescentamos que o *coquetel* perverso de oralidade conjuga comprimidos e álcool – uma nova figura ligada ao vício da gula –, levando à perda de si mesmo, da própria consciência, tornando esse usuário capaz de ações violentas e repreensíveis, incluindo estupro e assassinato.

O prazer vicioso no paladar, o recurso obsessivo a comer e beber não são apenas um preâmbulo silencioso do suicídio, mas também um ataque muito sério à vida dos outros. Isso não pode deixar de nos alertar, como comunidade eclesial e civil, para o significado da vida tão gravemente falho, especialmente nas gerações recentes. Se me permito um salto semântico, são nossa garganta profunda, nossa cupidez bestial de ter tudo a todo custo, nossa vida de consumismo obsessivo, no *frenesi* de um hoje que não tem memória e que não tem futuro, para produzir o fracasso no qual vivemos e ao qual não conseguimos impor correções.

Dizemos "gula/garganta", mas queremos dizer "vida". É nossa ressaca de poder, nossa saciedade a todo custo, a fome que nunca deixa de contar e estar lá para "abrir o apetite". Perigosamente, à caça do sucesso, gananciosos como somos de dinheiro, surdos e cegos em nome de uma carreira, embriagados em nós mesmos e em nossos supostos princípios, estamos nos empurrando a um limiar vergonhoso, alienante e demente, que não dá sentido à vida, que já não dá sentido ao futuro. Reciprocamente retrabalhando o mito de Júpiter e Urano, devoramos Deus, fazendo-nos deus em seu lugar. Nossa fome devorou o mundo e agora olhamos desamparados para aqueles de quem tiramos a esperança.

O vício da gula, lamentável e repreensível como é, em sua abdicação à razão, ao autocontrole, ao discernimento entre necessidade e excesso, torna-se metáfora do câncer que nos corrói e do qual também devemos sair, nós que ainda temos esperança.

Só a sobriedade – ou seja, a compostura da vida –, só o respeito pelos outros e pelo mundo – por tudo o que existe conosco –, só o reconhecimento do limite, da realidade assim como ela, juntamente com a profissão autêntica da nossa criatividade, podem nos levar àquela convivialidade agápica que é o sinal de que somos cristãos; um desafio utópico de um mundo totalmente redimido.

A inveja

"Foi por inveja do diabo que a morte entrou no mundo" (Sb 2,24). Talvez referindo-se a isso, Agostinho diz que a inveja é "o pecado diabólico por excelência" (*De disciplina Christiana*, 7,7) e Gregório Magno diz que nessa iniquidade a serpente espremeu todas as suas entranhas (cf. *Moralia*, 5,46). Na verdade, o que pode ser mais diabólico do que a inveja? O que mais divide, tornando-nos cegos para o bem dos outros?

A inveja, de fato, é "a tristeza pelo bem dos outros" (JOÃO DAMASCENO. *De fide orthodoxa* II, 14), uma tristeza tão pesada que se torna letal, fazendo-nos "*in-ver*" o outro, a ponto de odiar sua visão, sua presença, de desejar sua morte. A etimologia refere-se precisamente ao "não ver" (cf. ainda João Damasceno); mais corretamente, a "olhar sombrio". A pessoa invejosa não vê o bem dos outros como bem e, de fato, se entristece – "Porque, do mundo os bens vós desejando, / A que partilha todo o apreço tira, / Arde a inveja, suspiros provocando (*Purgatório*, XV, 49-51). Além do mais, ela se preocupa com isso; desespera-se a ponto de ficar doente e se machucar. A iconografia tradicional pinta a inveja com verde bilioso. Aqueles que incorrem nesse vício têm problemas no fígado. "Quando a praga da inveja corrompeu e subjugou o coração, até mesmo os membros externos indicam quão seriamente a fúria desperta a alma: a cor se torna pálida, os olhos afundam, a cabeça se ilumina, os membros esfriam, o pensamento é dominado pela ira, os dentes rangem"; assim, Gregório Magno descreve o invejoso.

É possível desejar o mal, até a morte do outro, só porque não toleramos que ele seja melhor, mais dotado, mais bondoso, mais santo?

Ainda Gregório Magno observa: não se pode invejar a não ser aquele que julgamos ser superior a nós. O outro, considerado mais bonito, melhor, mais rico, mais santo, parece-nos tal por seus não merecidos méritos: ele tinha uma fortuna flagrante, quem o favoreceu não o conhecia realmente, e assim segue a fantasia. Em resumo, se invejarmos um homem rico, encontraremos defeitos em como ele se tornou tal; se invejamos um homem talentoso, tomamos por certo que ele foi superestimado; se invejamos um santo, aquilo não é santidade, mas ostentação, pose, cálculo. No entanto, incomoda-nos que essa pessoa tenha ou lhe seja imputado algo que não nos é reconhecido ou que, suponhamos, o seu êxito tenha impedido a nossa aquisição. Obviamente, a bile nos cega, no sentido de que acreditamos que podemos pelo menos ser iguais e, portanto, que fomos defraudados pela esmagadora sorte, riqueza ou qualidade do outro. Talvez, faltem-nos essas coisas e, quiçá, não tenhamos as qualidades necessárias para adquiri-las. Contudo, como Aristóteles já advertia (*Retórica* II, X, 1,2), a inveja reside onde há uma familiaridade, uma proximidade com a pessoa invejada; seja por parentesco, estatura, hábitos, opiniões. Está provado que somente tentamos alcançar ou ultrapassar aqueles que estão próximos a nós.

Dito assim, o limite parece claro e firme. Na verdade, a inveja é um vício ambivalente, tanto que seu impacto social também foi avaliado de maneira diferente. A inveja está nos empurrando para a frente, constituindo a mola do progresso, gerando e estimulando mecanismos de emulação? As respostas estão longe de serem unívocas. De fato, constituiria o pecado endêmico das sociedades democráticas, sendo mais fácil, no regime de igualdade, perguntar por que o outro é mais rico ou mais poderoso, e se sentir frustrado. Em suma, teríamos menos inveja em empresas com um forte modelo hierárquico. A inveja, por outro lado, estaria na raiz da luta de classes, dirigida não tanto a emular a quem possui, mas a aniquilá-lo.

Pessoalmente, olho com desconfiança para qualquer tentativa de legitimar a inveja e qualquer tentativa de emparelhá-la, de uma forma ou de outra, com a emulação, que é radicalmente outra coisa. A emulação não surge da inveja do bem do outro, mas estimula a fazer o bem como o outro. Em outras palavras, a inveja é estéril; a emulação é frutífera. A inveja irremediavelmente contrapõe, a emulação une na tensão pelo bem comum.

A emulação – a "santa inveja" da qual falam os antigos manuais – coincide, em suma, apenas verbalmente com o vício, que, por sua vez, estigmatiza em seu valor corrosivo da comunidade como um todo e dos indivíduos um a um. As Escrituras (cf. Gl 5,26; 1Cor 13,4) nos incitam a não sermos invejosos uns dos outros; isto é, a não nos lamentarmos se outro possui mais bens. Em outras palavras, elas nos exortam a não nos perturbarmos pela graça alheia; quase como se, por isso, o dom que nos foi concedido fosse reduzido.

E uma vez que o outro nome da graça, ou a benevolência gratuita de Deus, é a caridade, justamente uma longa tradição lê precisamente nessa virtude a antítese da inveja, no sentido estrito do pecado contra a caridade. Para compreendê-la completamente seria suficiente declinar negativamente o célebre hino à caridade de 1Cor 13. Toda a doçura, misericórdia, mansidão, magnanimidade, paciência, bondade que a caridade é em si mesma nega a inveja, da qual nascem o ódio, a murmuração, a detração, a exultação pela adversidade do próximo e a tristeza por seus sucessos. Essas são as "filhas" da inveja (cf. *Moralia*, 31.45), ou pecados, as más atitudes que germinam dela e que destroem sobretudo aquele que as abriga e alimenta dentro de si mesmo, fechando-se definitivamente à misericórdia. Por isso, Dante coloca pessoas invejosas onde, por contraponto, cantam: "*Beati misericordes*" (*Purgatório*, XV, 37).

É possível que nos deixemos devorar por tão ignóbil sentimento? Comprovadamente, a inveja afeta todos nós; é um tipo de esporte muito popular. Até mesmo há quem nos categorize como a "sociedade da inveja". Nem seria possível ser diferente, dada a exposição da mídia da ostentação, do sucesso, da riqueza, da própria "santidade". Ficamos mordidos, nos dividimos (dentro e fora da Igreja), apreciamos o mal alheio e sofremos com o bem dos outros. Bem, o que nos separaria uns dos outros senão a inveja, eu diria proporcionalmente ao presente recebido? Ódio, murmuração, consideração negativa, exultação pela adversidade alheia, dor amarga pelo sucesso dos outros; estas são as atitudes com as quais nos opomos em nossas comunidades. É sempre com desconforto (poderíamos dizer com ódio) que olhamos para aqueles que fazem algo melhor do que nós. Professores, nem é possível mascarar a aversão e a frustração diante do sucesso maior de outro; pastores, rebaixamos para aqueles que trabalham com mais agilidade ou tentam procurar novos caminhos... e assim por diante. Existe ao menos uma área de conhecimento, de praxe, de imaginação criativa que não seja corroída pelo poderoso veneno que envolve imediatamente quem errou em ser melhor, mais eficiente, mais dócil ao sopro criativo do Espírito? Não são muitos aqueles que sucumbem por conta da inveja, cujos dons são abafados só porque poderiam nos fazer sombra?

Nossa insatisfação, nossa "tristeza", torna-se uma incapacidade para a misericórdia. Encontramo-nos prontos para condenar, denunciar, suspeitar, com medo de que algo nos seja tirado, roubado; não por desconhecidos, mas por aqueles com quem devemos precisamente construir a comunidade, promover a mudança. Nós nos tornamos insignificantes, briguentos, melindrosos, e tudo começa com a inveja que, ao mesmo tempo, obscurece o coração e a mente, como se nosso tempo precisasse de um espetáculo tão impuro, alheio à fé, até mesmo bestial, no nível do testemunho.

Uma inveja comum perpassa a política, a sociedade, a família, as relações homem-mulher. Disso se compraz a antiga serpente, agora e sempre pronta para semear veneno e nos separar...

Podemos curar a inveja? Sinceramente não sei. Certamente, isso não pode ser feito com nossa própria força. Mas o Espírito, em sua benignidade restauradora, pode tomar a "diabólica" inveja e torná-la dúctil para a alegria de sua paz; disso tenho certeza.

A ira

É suficiente evocar o *Dies irae*, na fantasmagoria de um último dia irrealista. É uma questão – eu diria – não de vício, mas de virtude: o cálice (cf. Ap 14,10; 16,19) de justiça finalmente derramado, chocante em sua tremenda inadequação em nosso limite criatural... Começo esse tópico justamente com uma expressão forte evocativa e, de certo modo, desesperadora: a ira de Deus (cf. Ap 6,17), o juízo final diante da nossa incapacidade de corresponder a Ele, de ouvir sua voz, de aceitar sua proposta. Mas é precisamente a evocação da ira divina – o vinho do furor de sua ira (Ap 16,19); as sete taças do Apocalipse (cf. Ap 15,7; 16,1) – que imediatamente nos coloca diante da ambivalência da ira em si. É um vício na medida em que de maneira culpável se abjura da serenidade de seu próprio juízo e se sucumbe ao instinto primário, a uma incapacidade radical de autocontrole e de raciocínio. A ira será tudo, menos um defeito quando se constituir na resposta adequada ao que fere profundamente o ser humano e o plano de Deus; e, como tal, é atribuível ao próprio Deus, bem como ao santo.

Como não ficar irado; isto é, como não se levantar diante de tudo que deturpa a imagem de Deus no ser humano? Como não se revoltar com as traições ao projeto de Deus, individual ou coletivamente, na comunidade desejada, amada e salva por Ele? Alguém poderia me dizer que não se trata tanto de ira, mas de desprezo. Bem, a fúria e a cólera não são menores no profeta ou no próprio Deus diante da incompreensão da divina misericórdia.

Este nosso tempo bem poderia ser chamado de "tempo da ira", um tempo no qual coletivamente seria necessário, como Igreja, nos levantarmos para mostrarmos sua face; ou seja: sinalizar, promover e testemunhar a divina misericórdia. Em vez disso, perdemos tempo com questões marginais, baseando-nos em detalhes insignificantes e agindo como filósofos, em vez de sermos testemunhas. E tudo isso requer desprezo, indignação violenta; requer uma invectiva. João Crisóstomo chega a dizer: "pecas se não te iras quando necessário" (*In Matth.*, 11; sobre Mt 5,22). Não pode haver dúvida; o verbo usado é realmente "pecas"! O silêncio, o fingimento de que nada acontece, o deixar correr se tornam pecado, mesmo que seja de omissão. Qualquer que seja a tipologia, a substância não muda: o cristão peca quando é conivente, seja para com o mundo, seja para com a Igreja, que também é pecadora, mesmo no paradoxo de ser também santa por graça.

Quem escreve se ira facilmente. É difícil medir palavras, precisamente quando toca lá no fundo a distância entre a beleza do projeto e sua realização. Com fúria, realmente com fúria, eu arrancaria da Igreja o que a obscurece, o que a torna pouco confiável. Minha ira toca especialmente a área ambígua de conivência entre o cristianismo e o que o nega e ofende. Por que procurar por "teólogos" entre ateus devotos, por exemplo? Por que procurar patrocinadores entre aqueles que sacrificam programaticamente a si e aos outros para o *totem* do lucro? Por que recorrer aos poderes fortes em nome de vantagens aleatórias? Por que reclamar preguiçosamente do abandono da fé, quando a remoção programática dos valores cristãos foi promovida precisamente por aqueles que, por puro cálculo, chamavam-se de cristãos?

O desígnio de Deus não é negociável; o Evangelho não é negociável; a Boa-nova aos pobres não é negociável. É necessário gritar, e não calar. Não podemos estabelecer hierarquias de conveniência para uma vantagem falaciosa. Estamos sempre prontos a condenar aqueles que tentam dialogar com as articulações do presente; nunca fazemos o mesmo com aqueles que corrompem as consciências, não com instrumentos nobres, mas simplesmente oferecendo naturalmente modelos degradantes. O relativismo até pode ser uma questão para os filósofos, mas na verdade é o veneno que nunca foi condenado como tal, inoculado em nós todos os dias pelo púlpito dos canais de TV comercial e, por causa do Ibope, até pelos canais estatais. Não, o coração não nos levará a lugar algum se a sua lógica for a do desligamento, do absenteísmo, da omissão da responsabilidade, da insensatez do juízo...

A ira que me comove – pode-se entender muito bem – é paixão... uma paixão viva e inextinguível pelo Evangelho. É uma questão de testemunhar a profecia. É, repetidas vezes, gritando: "Ai de mim, se eu não evangelizar!" Não, não pode haver comprometimento ou meias-palavras. A radicalidade cristã não permite isso!

Mas a ira também é outra coisa. Gregório Magno distinguiu a ira por zelo da ira por vício. A primeira turba o olho da razão, a segunda cega (cf. *Moralia*, 5,45). De acordo com os antigos mestres, se há um *appetitus pro bono* – a paixão, de fato, o zelo –, há também um *appetitus ex malo.* Também deve ser dito, no entanto, que nem todos concordam com essa distinção. À antiguidade pagã, por exemplo, remontam as leituras diametralmente opostas de Aristóteles e Sêneca. O primeiro considera a ira até necessária, porque sem a sua contribuição não é possível enfrentar batalha alguma. Ele também afirma que é necessário fazer bom uso da ira, colocando-a a nosso

55

serviço, e não o contrário. Irar-se é fácil – observa na *Ética a Nicômaco* –, mas nem todos conseguem zangar-se com a pessoa certa, na medida certa, no momento certo e por uma causa justa. De opinião oposta é Sêneca, que dedicou um dos seus tratados morais à ira. Para este, a ira é sempre ruim. O fato de controlá-la não a isenta de sua negatividade intrínseca.

Do nosso ponto de vista, o dos vícios capitais, a ira é estritamente um pecado porque aliena profundamente o sujeito humano, levando-o de volta ao limiar da animalidade. Na ira abdicamos o que nos distingue enquanto seres humanos – sou ou não sou *homo sapiens sapiens*? O que está em jogo é a capacidade de discernir e julgar, de refletir com objetividade, de emitir juízos sensatos sobre pessoas, coisas, situações. Na verdade, o que ocorre é uma ofensa a essa capacidade. A propósito, João Crisóstomo ainda afirma que não há diferença entre ira e loucura. Nada poderia ser mais vergonhoso do que um rosto furioso, nada deforma com mais intensidade o rosto e a *persona* (cf. *In Joh.*, 48). E, de maneira bastante pitoresca, Gregório Magno (cf. *Moralia*, 5) traça o *identikit* do iracundo: seu coração acelera e palpita; sua cabeça treme; sua língua encrava; seus olhos saem de sua órbita; não reconhece os conhecidos; a boca grita; nada se entende do que diz...

Diversas vezes os autores antigos trouxeram à discussão Mt 5,22. O que está em discussão é o irar-se contra o irmão. E, infelizmente, em questão não estão apenas o excesso verbal e o insulto cada vez mais agressivo. A ira produz isso, mas também produz o homicídio, a supressão física daquele de quem – corretamente ou não – acredita-se ter recebido um dano insuportável e insustentável, a ponto de acarretar o seu fim.

A ira, mais ou menos motivada, e a séria provocação endossaram a vingança, e com ela o crime no imaginário social, tornando-o plausível e até mesmo necessário. Do duelo aos crimes de honra há apenas o embaraço da escolha. Em geral – pelo menos é o que as ciências humanas nos dizem – o que move a ira em suas formas patológicas e descontroladas não é tanto uma razão externa quanto um insano conflito interno. Dante o expressa muito bem no canto XVII do *Purgatório*, onde, como contraponto, se lê: "Mover de asas ao perto se afigura, / Bafejo sinto; e ouço: – '*É venturoso / Quem ama a paz*, isento de ira impura!'" (v. 68-69).

São exatamente o oposto as "filhas da ira": briga, arrogância, insulto, clamor, indignação, blasfêmia.

A ira pode ser superada? Ouçamos o que nos diz Sêneca: "Luta contigo: se desejas vencer a ira, ela não pode te vencer. O começo para vencê-la é ocultá-la, se não lhe der saída. Seus sinais sejam encobertos; o quanto puder, mantenha-a oculta, em segredo. Com grande incômodo a nós será feito isso, uma vez que ela deseja saltar, reduzir os olhos e mudar a face. Mas, se permitirmos que ela saia, ficará sobre nós. [...] Antes, voltemo-nos ao contrário todos os seus indícios: a face seja relaxada, a voz seja mais branda, o passo lento; o interior aos poucos se conformará ao exterior" (*De ira*, III, 13 [tradução baseada na de Ricardo A.F. de Lima]).

A luxúria

O que é a luxúria? Poucas palavras são mais incompreensíveis para nós, tanto que pouco se fala sobre a luxúria; na verdade, é um termo que desapareceu do vocabulário comum. E é fácil entender o motivo, constatando – não é preciso muito, para dizer a verdade – como a maneira de olhar para o corpo e seus impulsos mudou. Grande parte do anátema de que marca a luxúria pertence – gostemos ou não – a um mundo que passou; um mundo no qual – não nos esqueçamos – as regras foram escritas pelos homens, e a condenação da luxúria – primeiramente o adultério – constituía um impedimento à invasão dos campos alheios. E eu digo campo, ao invés de "mulher" dos outros, porque a mulher era uma com o campo, o burro, as coisas, suas próprias posses: todas as realidades que um homem de igual *status* deveria ter o bom-senso de não invadir e respeitar. Basta ler as Escrituras para confirmar essa tese.

Luxúria – literalmente, "derreter-se no prazer", *soluptio in voluptate* (ISIDORO. *Etymologiae* X, letra L) – é perda de autocontrole, busca desmedida pelo prazer corporal, alheia a qualquer regra de bem-viver. Ela evoca, portanto, o próprio corpo, a possibilidade de lê-lo na negatividade do desejo que exige satisfação a todo custo. E como, de fato, é o corpo que está em questão – na verdade, a promiscuidade corporal –, ele é imediatamente demonizado; o próprio corpo, mas principalmente o corpo dos outros.

É paradoxal encontrar nas Escrituras, junto com a condenação da impudicícia e do excesso de sensualidade, a epopeia do corpo vivida em dialogia corpórea total. Refiro-me ao Cântico dos Cânticos. E eu me refiro ainda mais ao fato incontestável da salvação corporal como a linha que perpassa a revelação, e sobretudo a revelação cristã: *kai ho logos sarx hegéneto* [e o Verbo se fez carne] (Jo 1,14). Não nos esqueçamos do mistério da Igreja, corpo e carne de Cristo e sua esposa.

É, portanto, com certo embaraço que trato da luxúria. No imaginário do passado, transmitia misoginia, maniqueísmo, ascetismo radical e muito mais, enquanto na maioria das vezes era apenas medo, fuga de si mesmo e do outro, incompreensão do mistério da Encarnação e, portanto, do corpo enquanto "corpo de Deus", sacramento original da salvação.

Dito isso, a luxúria continua a ser um vício, pelo menos naquilo que ignora, subverte, explora; tanto é assim que, uma vez que a questão do corpo tenha sido restaurada ao equilíbrio básico, o risco de ofendê-lo permanece. Mas estou convencida de que o que torna a luxúria um vício capital não é a orientação para o outro, mas a coisificação do outro; a luxúria, enfim, como pecado egocêntrico, como incapacidade de encontrar o outro, de se regozijar com ele; ou de dar-lhe espaço em um contexto significativo, gratificante e salvífico no sentido cristão do termo.

Aristóteles, na *Ética*, 7,11,4, define a luxúria como um excesso de corrupção do prazer corporal, até à irracionalidade. O luxurioso – o termo luxúria também está ligado ao *luxus* (excesso/exagero), bem como à luxação (deformação, divisão) – é, em suma, corrompido por seu próprio corpo e seus impulsos, incapaz de governá-los e, portanto, de se opor ao seu desejo excessivo.

Gregório Magno, em *Moralia*, 31,45, coloca a luxúria entre os vícios capitais. Nessa linha, uma longa tradição estigmatizou o luxurioso. Basta mencionar por todos que Dante, seja no *Inferno*, do lombo encontrado quase no começo do canto I – "Não se afastava de ante mim a fera; / E em modo tal meu caminhar tolhia, / Que atrás por vezes eu tornar quisera. / No céu a aurora já resplandecia," (v. 34-37.) – ou a enumeração, toda no feminino do canto V – Semíramis, Dido, Cleópatra (cf. v. 52-639.); seja no *Purgatório*, no canto XXVI, onde os luxuriosos caminham divididos em duas greis: "Cada uma grei em brados se afadiga / – 'Sodoma!' – clama a última – 'Gomorra!' / E a outra: – "Entrou Parsifal na vaca, / Por que à luxúria sua touro acorra" (v. 40-42);

e Guido Guinizelli explica Dante: "Mas se partem 'Sodoma' gritando / repreendendo-se a si como ouviste / [...] nosso pecado fora hermafrodita; mas porque não servimos à humana lei, / seguindo o apetite / como [...] bestas quando clamamos o nome daquela que tropeçou nas gravilhas bestiais"; e por contraponto no canto XXVI ouve-se cantar: "*Beati mundo corde*" [Bem-aventurados os puros de coração] (v. 8).

Em um tempo como o nosso, no enfraquecimento da vida e do significado da existência, torna-se realmente difícil pôr rédeas no desejo, impor-lhe regras precisas. Na busca paroxística por sentir-se vivo, a luxúria torna-se um recurso que se supre de excesso em excesso, cultivando a transgressão em todas as suas formas. As "filhas" de luxúria são bem conhecidas: estupro, adultério, incesto, violência sexual... Santo Tomás distingue meticulosamente doze tipos de luxúria (*STh.*, II/II, q. 154), e, na sua raiz, as "filhas" já indicadas por Isidoro de Sevilha: cegueira mental, inconstância, pressa, estultilóquio.

Como não gritar diante da violência sexual sofrida por mulheres e crianças? Como não denunciar o incesto, uma praga que nunca foi derrotada, mesmo hoje, mesmo na sociedade mais opulenta e avançada? Como não reagir diante da luxúria, que se tornou um problema eclesial precisamente em seus excessos transgressivos? E nos perguntamos se esses excessos não são o fruto do desequilíbrio estabelecido com o próprio corpo e com o dos outros, nunca completamente remediado. Mas, além do que nos fere e escandaliza – a pedofilia, por exemplo, sobretudo se quem a pratica são homens que, além disso, optam pelo celibato –, nos perguntamos se a luxúria pode se resumir apenas a uma questão ligada ao sexo, à oposição não resolvida entre *eros* e *ágape*, entre a alegria de ter/ser um corpo e a necessidade de transcendê-lo, exasperado no sentido de ignorá-lo, demonizá-lo, suportá-lo, sem nunca usar de misericórdia para com ele.

Sim, precisamos ter misericórdia, e muita, para com o nosso corpo. É aí que tocamos nossa finitude, nosso limite. É isso e nada mais que manifesta a fúria no corpo do lascivo, que tenta, assim, exorcizar seu limite, ser e sentir-se onipotente. Na raiz – parece-nos – não é estritamente a luxúria que está em jogo, mas o delírio da onipotência. A concupiscência da alma deve, portanto, ser denunciada, combatida e condenada; isto é, o "dissolver-se" no prazer da posse, da arbitrariedade, do poder, da opressão. Lutamos tanto para trazer o corpo de volta à moderação, mas não o suficiente para fustigar e lutar contra o que ofende e humilha o outro/a outra, fazendo dele/a um objeto, mesmo sem usá-lo sexualmente.

Há um delírio luxurioso, um excesso de sinal "espiritual" (e perdoe-me por usar este nobilíssimo termo, que deveria evocar sempre o Espírito), que não é menos nefasto e grave do que a luxúria corporal. Cegueira mental, imprudência, inconstância, precipitação e coisas semelhantes tocam a psique antes do corpo; ou seja, são inseparáveis dele, embora possam presumir evitá-lo. Mas precisamente nesse ponto o desejo se torna descontrolado e a presunção, diabólica. Nesse ponto, eu me comprazo em usar o outro/a outra, aproveitando-o/a, e como! Eu penso em mafiosos, camorristas e coisas do tipo, sepultados como ratos em seus horríveis *bunkers*; não é a luxúria do poder que sustenta sua vida miserável e abandonada. Pode-se chamar isso de vida? Penso na cadeia de ascetas presunçosos, justamente colocados na berlinda, cuja santidade externa talvez desconheça a fornicação, mas conhece – e até mesmo completamente – a avareza, o desprezo dos outros fornicadores; penso no excesso de ostentação de sinais e bens que machucam os indigentes; penso na luxúria do poder, mesmo na Igreja que não é menos sutilmente ignóbil e vergonhosa, na medida em que de tudo se serve e submete tudo a fim de alcançar seu objetivo: uma carreira. Penso em um "reino" introjetado e possuído, servido com entusiasmo luxurioso porque não é dirigido ao objetivo que está por vir, mas cobiçado e consumido aqui e agora, talvez marcando fortemente todos aqueles que profeticamente elevam suas vozes anunciando que o "reino" ainda não chegou e suas regras são muito diferentes daquelas que gostamos de atribuir a ele.

Sim, temos razão em fustigar o vício e promover a virtude. A luxúria também deve ser exposta pelo que é. Mas, justamente por causa disso, não podemos fazer com que a denúncia de sua imundície se torne um álibi confortável. Há uma concupiscência mais profunda e infame que faz de nossa fé um contratestemunho. Precisamos ter a coragem de eliminá-la. Talvez então também seja mais fácil para nós vivermos em harmonia com a nossa criaturalidade, e o corpo, o nosso corpo, finalmente se tornará uma interpelação, um dom, um *kairós*.

A soberba

Nossa viagem pelos vícios capitais termina onde geralmente eles começam: com a soberba. Como veremos, colocá-la como princípio e raiz de todo vício não é algo infundado. E ainda assim fazemos dela o ponto de chegada porque nosso tempo está, na minha opinião, no círculo não virtuoso que vai da acídia à soberba, e vice-versa; sendo inépcia a primeira e reivindicação idolátrica de autorreferencialidade a segunda.

Quem fez da soberba a "rainha dos vícios" foi Gregório Magno (*Moralia*, 45). Segundo ele, de fato, quando a soberba escravizou o coração, ela o entregou à devastação de todos os outros vícios, como se fossem seus guias. Em suma, da soberba vem toda a multidão de vícios. Com Gregório Magno, também Agostinho, Cassiano, Boécio, Isidoro, embora respondendo de várias maneiras, convergem afirmando não apenas que soberba é pecado, mas também que é a raiz perniciosa de todos os pecados.

De acordo com Isidoro (*Etymologiae*, X, letra S), o soberbo é assim chamado porque quer se ver maior do que realmente é; aquele que, de fato, quer superar o que é, é soberbo. O *supra* é, portanto, a chave interpretativa da soberba, e essa é uma leitura constante desde o mundo grego, no mundo romano e na reflexão cristã.

Em todo caso, retomando as linhas dessa longa jornada e citando explicitamente Isidoro, Tomás (*STh.*, II/II, q. 162, a. 1) responde dizendo que a soberba tem esse nome porque dirige sua vontade "sobre" (*super*) o que se é e, acrescenta, com "desproporção" em relação a si mesmo; ou seja, de maneira irracional, se comparada à realidade. Precisamente as diferentes modalidades desse declínio "desproporcional" sugeriram a Gregório que identificasse quatro espécies de soberba (*Moralia*, 23,6). As pessoas pensam, de fato, ter valor (*bonum*) por si mesmas; do alto, mas por mérito próprio; além do que realmente se é; apesar dos outros, de uma maneira singular. O que está em jogo é, portanto, a própria supervalorização, e esta, em suas facetas, é sempre caracterizada por um erro de avaliação, por uma falsa apreciação da própria realidade, contrariando o senso comum e a razão, que teriam de regular a estima de si mesmo e dos outros.

Em última análise, a soberba é uma rejeição de Deus, uma autoafirmação sem sentido que nos coloca como o início e o fim, e por isso nos devasta e corrompe. É o desconhecimento do dom e de quem no-lo concede, a ponto de substituir o Doador e ignorá-lo; é a negação obstinada da criaturalidade, do limite que nos define e, portanto, da negação da alteridade que nos coloca em existência. O fazer-se deus, querendo ser como Deus, rebelando-se a fim de que os outros, criaturas de carne e osso como nós, nos reconheçam como divindade; isso é soberba. Somos ajudados pela afirmação de Agostinho: "A soberba perversamente imita Deus. Na verdade, ela odeia compartilhar com seus companheiros a mesma condição sob Ele, mas se repropõe para impor seu domínio sobre os outros em seu lugar "(cf. *De Civitate Dei*, XIX, 12). O mesmo Agostinho (*De Civitate Dei*, XIV, 13) definiu a soberba como *perversae celsitudinis appetitus*, um desejo imoderado de se sobrepor; uma pretensão que Anselmo modulou, distinguindo entre soberba de vontade, de palavras, de ações (cf. EADMERUS. *Liber de S. Anselmi similitudinibus*, 22) e que São Bernardo (*De gradis humillitatis et superbiae*, 10), traçando os graus de humildade de acordo com o capítulo 7 da Regra de São Bento, distinguiu em doze graus: curiosidade, leveza de pensamento, satisfação tola, ressentimento, singularidade, arrogância, presunção, apologia dos pecados, simulação de confissão, rebelião, libertinagem e hábito no pecado.

Vontade, palavras e ações são bem traduzidas nesta lista variada, o que nos permite delinear uma tipologia do soberbo, não muito distante da nossa experiência cotidiana. Pensemos na confissão simulada da própria inadequação, ignorada no coração pela afirmação paroxística do alto grau de virtude da pessoa. "Nem todo aquele que me diz Senhor, Senhor..."; nem todos os que mostram penitência e jejum; nem quem valoriza suas próprias ações dignas e corretas pode ser incluído na linha do seguimento, pelo contrário! Igualmente soberbo é o arrogante, o presunçoso, aquele que julga e sentencia em toda superficialidade. Soberbo é aquele que de seus próprios vícios tece o elogio. Quem será como ele? Não há limite para essa sanha devastadora, desordenada e excessiva do "eu" que culmina na idolatria de si mesmo. Com razão, Boécio, recebido por Cassiano (*De istitutione coenobiorum*, 12,51), observou que, embora todos os outros vícios fujam de Deus, somente a soberba se opõe a Ele. O soberbo se sente Deus e, portanto, acaba por substituí-lo; por isso, Deus "resiste aos soberbos" (Tg 4,6).

Lemos nas Escrituras: "Para todo potentado a vida é breve; assim, hoje é rei e amanhã morrerá. Quando o homem morrer, terá por herança as serpentes, as feras e os vermes" (Eclo 10,12-13). A soberba foi o pecado dos anjos decaídos; a soberba foi o pecado dos primeiros pais. A insistência com que nossas imagens religiosas conectam esse vício ao mal, à dor e à morte é bem justificada pela idolatria que o alimenta.

Hoje estamos apertados no abraço mortal e sufocante do usar e do deixar ir, que também é superexposição de nós mesmos, na hiperafirmação perversa de nós mesmos. Se prestarmos atenção à vida social ou se ficarmos atentos à tarefa de cada um na Igreja – como leigos, religiosos, ministros ordenados ou quem quer que seja –, dolorosamente presenciaremos aquilo que eu chamaria de esquecimento da função sígnica e simbólica, ou sacramental, da comunidade de crentes. Nós agora nos consideramos (e frequentemente na solidão de nossa opinião individual e singular) o princípio da salvação. Homens e mulheres leigos e leigas, religiosos, diáconos, presbíteros, bispos, muitas vezes metabolizando um teísmo do Iluminismo tardio, não falamos sobre Cristo, pouco nos referimos ao seu Evangelho; ao contrário, nos referimos a nós mesmos, com uma nova e presunçosa pompa que se diverte, na alegação pueril de um sagrado indizível, obscuro e impessoal – que não é a salvação, não é o encontro, não é a história de carne e sangue –, com gostos e modos já superados, com a herança dolorosa da teocracia derrotada, com a neolatria da dissociação irredutível do mundo, de seu sofrimento, de seu grito, de sua busca por Deus. Quanto mais a Igreja pretende impor normas, menos ela é identificada no próprio mundo.

Os enfeites dourados, ornamentados e decorados que voltam a se destacar, nostalgia de um imaginário derrotado, tornam-se índices de pretensões mais ou menos inconscientes para substituir Deus; mutilando, porém, a rede relacional pela qual Ele quis que a salvação nos alcançasse (cf. *STh.*, II/II, q. 93, a. 2). Novamente nós perseguimos corações e ossos, exibimos cadáveres santos, buscamos por visões e aparições, perseguimos ordens que aplaudam a ignorância como única panaceia para os muitos males, quase como se a inteligência da fé fosse a hipostatização da soberba; enquanto, como lembrava

Agostinho, a soberba é a recusa de ser igualmente submisso a Deus. A indevida equação de santidade e ignorância, e o pelourinho (de fato) do inesgotável dever de dar razões para nossa esperança, torna-se, assim – para qualquer um de nós que esteja comprometido com ela –, um método perverso de autoafirmação, recurso instrumental para uma nova gnose, tanto funcional à preservação imperturbada de seu próprio pequeno ou grande poder quanto repulsivo da teologia sapiencial, do conhecimento crítico, da ciência profissional, do ministério consciente e corresponsável, e talvez também do seguimento do Mestre, nos dons do Espírito.

Nunca se pensaria em viver dias nos quais a expectativa legítima de uma reforma da sociedade e da Igreja – e que época não a invocou?! – se confrontaria com um neo-obscurantismo triunfalista que reaplaude e redesenha uma formalidade que é irremediavelmente não solidária, não cristã. E enquanto a fé volta a ser uma questão de poucos, talvez nos regozijemos com os tolos consentimentos emprestados pelos crentes habituais e pelos ateus devotos, que numa pompa exterior redescoberta, como que numa imaginação de adolescência, vislumbra o atalho – na verdade, a via principal –, porque nada muda em nossas comunidades e em nossa sociedade. Também não importa se a mensagem do Evangelho e do Cristo vivo mostram diferentes atenções.

Será que a soberba de poucos e a acídia de muitos levarão o nosso mundo e a própria Igreja a uma fatal despedida? Mas o Espírito sopra e nossa esperança não morre!

Interlúdio
Entre vícios e virtudes

O que me levou a refletir sobre os vícios capitais foi o desejo – e a possibilidade que veio dele – de fazê-lo à minha maneira sobre o mundo e a Igreja em que vivemos. Bem, acho que ainda devo acrescentar algo – uma espécie de interlúdio – que me permita passar para as virtudes cardeais – aliás, para as não virtudes –, pois irei me deter na impressionante inversão de justiça, fortaleza, prudência e temperança. O que sustenta e apoia a injustiça, a fraqueza, a imprudência, a intemperança de fato continua sendo aquilo que, nas páginas iniciais, indiquei como "incomunicabilidade programática, subtração de si mesmo – por excesso de autoestima – à provocação da alteridade, seja ela qual for".

De fato, o vício (ou a não virtude) continua sendo a mesma coisa: recusar o outro, recusar o diálogo, recusar o encontro. Talvez em um nível civil o discurso seja simplesmente áspero. As novas hordas bárbaras, tão ignorantes e presunçosas quanto egoístas, cegas à sua própria história recente, brilham com grosseria superficial. Mas no nível eclesial, mesmo que a dúvida rodeie uma pequena memória que faz a história começar no final do século XIX, com as insatisfações e compensações pela perda do poder temporal, eu não falaria em grosseria, mas sim na recusa egoística diante das provocações das situações e das pessoas, firme na convicção de autossuficiência que avança com a crença de ser os únicos e autorizados guardiões da verdade.

A vida estreita e deselegante dos nossos dias é marcada pela incipiente e esbravejante recusa dos problemas: não há crise, não há pobreza, não há mal-estar, tudo está bem; ai dos profetas da desgraça – de fato, o problema lhes causa suas fantasias negativas. Divirtamo-nos. Estamos fartos dos virtuosos. Nós não somos santos. Com o grito dos gurus da nova tendência vem, menos barulhenta, a indiferença; aliás, infelizmente uma invejosa aprovação. Pairamos no absurdo de uma existência voltada para o lucro singular e individual. Parabéns para quem conseguiu, e basta.

Diante de tudo isso, eu me pergunto: Onde estamos nós, a Igreja? A crise que estamos experimentando certamente não começou ontem, muito pelo contrário. Os ditames narcisistas e antievangélicos que a caracterizam, nós os ouvimos ou não? E por que estamos em silêncio? O que nos levou a aprovar comportamentos, palavras, estilos de vida públicos e privados, desprovidos de dignidade e, pior, perniciosos e ferozes, na emblematicidade que assumiram em termos de modelo em uma fase cultural de mudança epocal? O que está diante de nossos olhos não seria o emergir de injustiça, imprudência, fraqueza, intemperança e de suas múltiplas "famílias"? Eu não digo isso pensando apenas nos outros, digo-o primeiro sobre nós mesmos.

Certamente nos auxiliará uma possível chave interpretativa, a que chamamos de "ambivalência constitutiva" do vício. Sim – exemplifico com as virtudes –, o problema ainda é: Onde começa e onde termina a prudência? Onde começam e terminam a temperança, a fortaleza, a justiça? Há um limite sutil entre seu declínio legítimo e a infração que se torna sua repulsa, sua negação. É um mecanismo que muitas vezes vemos ativo no que diz respeito aos vícios capitais. Sim, os vícios e virtudes também correm ao longo das linhas de uma humanidade que sancionam ou negam, de uma razoabilidade que atestam ou ofendem. Correm, portanto, na linha dialética do potencial destrutivo ou construtivo; flexionam a paixão que nos conota. Esse é o nosso limite. Mas essa é também a mola, a qualidade verdadeiramente humana que nos conota.

Tomar nota disso poderia provavelmente nos oferecer um critério reflexivo e operacional mais adequado de nossa recorrência contínua, e no fim das contas pouco significativa, porque muito estreita, para a não negociabilidade de questões humana e cristãmente fundamentais, baseando-nos – tranquilizando-nos – na generalidade da lei natural. Especialmente porque – mais do que a verdade – esta muitas vezes mascara uma ideologia que é sempre cúmplice de uma precisa conjuntura cultural. À legítima questão da autonomia, inscrita na *imago Dei* e reescrita na participação da realeza quenótica de nosso Salvador, muitas vezes opõe-se uma visão despótica da existência, destinada a atrair uma humanidade imatura, não emancipada, coisisticamente subordinada, quase como se a redenção nunca tivesse ocorrido, quase como se nunca tivéssemos sido libertados; a vida, em resumo, passa a ser não vida, passividade sem ação, perseverança na prisão, exílio do "paraíso perdido"; daí a revolta, a outra busca, diametralmente oposta.

Então, o que chamamos de "jogo da vida" torna-se uma questão fundamental. Porque é claro: a vida deve ser vivida, não apenas suportada. E, uma vez que, não obstante tudo, somos obrigados a suportá-la, sofrê-la – caso contrário, estaríamos mortos –, o desafio é justamente o sofrer apaixonadamente a vida, vivê-la intensamente e de forma ideal: em suma, não negar a vida ou fugir dela, mas assumir a dialética que conduz e deriva do "jogo da vida", para assumi-la como um critério integrativo, se não suplementar, da lei natural, tornando-o um método adequado para a fecundidade produtiva.

Nisso acredito que a *ironia* poderia nos ajudar. Na história, esta foi uma arma feminina: penso na figura bíblica de Sara, com seu sorriso franco diante da perspectiva de uma maternidade na vetustez; e penso em Sócrates, ao ancorá-la filosoficamente na técnica feminina de acompanhar o nascimento da vida. Sim, precisamos de uma maiêutica, de uma arte capaz de extrair das profundezas do coração e da mente energias que façam prevalecer o positivo sobre o negativo na dialética ambivalente que opõe vícios e virtudes. Só assim estaremos lucidamente conscientes acerca daqueles e destas e seremos capazes de derrotar vícios e praticar as virtudes.

Em outras palavras, na transição dos vícios para as virtudes, embora declinando estas últimas no negativo em seu fracasso, o que é importante para nós é propor a naturalidade dialética ao modo de "semente" das bem-aventuranças evangélicas. Sim, gostaríamos que o *homo patiens*, que vive e sente a vida, que anseia dar uma razão para si, descobrisse a beatitude como sua vocação: o ser humano, o cristão, *naturaliter beatus*. E isso envolve não se fechar aos outros, mas abrir-se a eles. Envolve o desenvolver plenamente a consciência do próprio limite e, portanto, confiar-se, aceitar e acolher o outro, reconhecendo-o como companheiro de ação "segundo" a justiça, a fortaleza, a prudência, a temperança; as virtudes "cardeais", em resumo, como "dobradiças" da vida de cada um de nós e de todas as nossas comunidades, porque destinadas (*virtus* significa "possibilidade/força") à plena realização da vida humana.

Como abordá-los de antemão? "Fortaleza" é uma reduplicação da virtude. Observa Descartes (*Les passions*) que ela impulsiona poderosamente a conseguir o objetivo a ser alcançado. "Justiça" é uma operação no *jus*; portanto, operatividade da norma. E. Mounier (*Traité du caractère*) observa que o gosto pela justiça se introduz em um mundo verdadeiramente novo somente se ela for tal a ponto de fazer as pessoas passarem do tomar para o doar, do ciúme para a generosidade. P. Ricoeur (*Philosophie de la volonté*) faz eco a esse pensamento afirmando que a necessidade de justiça está enraizada na convicção vívida que o outro tem diante de mim e que suas necessidades são tão válidas quanto as minhas; o ápice da justiça é que o outro é para mim um "tu". A "prudência" é, por seu turno, mais uma espécie de "sabedoria"; uma ciência, observa L. Lavelle (*L'activité spirituelle*), na qual a teoria e a prática do contexto coincidem; a prudência, em suma, como a única ciência na qual é necessariamente dada a identidade entre conhecer e agir. E a "temperança" remete à moderação e à adaptação; recorrendo a uma metáfora musical, ela torna a vida um instrumento bem afinado – na verdade, "bem temperado" – e envolve dominar qualquer tipo de embriaguez.

Não é difícil apreender do que foi dito a circularidade simbiótica das virtudes cardeais, por um lado, e ver, por outro, como o paradoxo – metodicamente, dizemos que é "ironia" – impulsiona a dialética subjacente. Porque "teu problema – escreve Francisco de Sales – é que te preocupas mais com os vícios do que com as virtudes" (*Oeuvres*, XV, 357).

Justiça e fortaleza

Aceitando o convite de Francisco de Sales, não queremos nos preocupar mais com os vícios do que com as virtudes. Para, no entanto, colocarmos contra a luz as não virtudes "cardeais" (injustiça, fraqueza, imprudência, intemperança) seja-nos permitido concluir consistentemente o discurso sobre os vícios capitais.

Justiça, fortaleza, prudência e temperança constituem a "pedra angular" de nossas ações. Gregório Magno (*Moralia*, 49) indiretamente justifica o termo identificando nessas quatro virtudes a "estrutura" de toda boa obra; justiça, fortaleza, prudência e temperança seriam como as linhas-força que sustentam e constroem o bom agir em sua totalidade.

A justiça, primeira na ordem e na consideração das quatro, desde Cícero é colocada no topo, porque nela o esplendor da virtude atinge o máximo, tanto que qualifica e caracteriza os homens virtuosos (cf. *De officiis*, 7). Mas isso também pertence à tradição cristã, que aponta simbolicamente como justos muitos protagonistas da história da salvação, desde Abel até Abraão; de forma gradual, até José, esposo de Maria (cf. Mt 1,19). O que, então, seria justiça? Ambrósio (*De officiis*, I,24) a identifica como o reconhecer a todos o que lhes cabe, como o não reivindicar o que não nos pertence, como o ser indiferentes à própria vantagem, a fim de preservar – compartilhá-la – a equidade. Nessa chave magnânima, verdadeiramente construtiva e constitutiva da humanidade plena, entendemos a radicalidade da expressão de Mt 5,6: "Bem-aventurados os que têm fome e sede de justiça, porque serão saciados". A utopia do Reino de Deus é justamente essa radicalidade de se colocar acima da soberba mesquinhez, abrindo espaço para o outro, reconhecendo-o em seu valor; fome e sede de justiça, portanto, como uma demanda, e não por si próprio, por aquilo que constrói um mundo autenticamente humano.

Bem, mesmo que tenhamos usado o termo utopia no sentido dinâmico, como um objetivo que uma vez alcançado avança em direção a uma maior completude, permanece o fato do naufrágio da justiça e, portanto, da injustiça como não virtude social e eclesial. Tomás (*STh.*, II/II, q. 49, a. 1, resp.) identifica dois tipos de injustiça: um primeiro, ilegal, opõe-se ao que é justo de acordo com a lei e, como tal, afeta o bem comum; um segundo, interpessoal, opõe aos outros porque se está ansioso por adquirir bens, riquezas e honrarias, sem se importar com as consequências. A *Summa* entrelaça justiça e injustiça nas questões 68 a 80. Estendemos algumas de suas declinações: *acceptio personarum* (q. 63), assassinato (q. 64), injúria (q. 65), furto e roubo (q. 66), injustiça no julgamento (q. 67), acusação injusta (q. 69), insulto, detração, calúnia, escárnio, maldição, fraude, usura (q. 70ss.).

Dessa longa lista, eu gostaria de selecionar os particularismos, interpretando-os livremente; creio que eles dão substância a uma não virtude generalizada e praticada, quase uma arte, na sociedade e na Igreja hoje.

Acceptio personarum é a discriminação injustificada em relação a outros homens e mulheres; a escolha ilegítima, de fato injusta, de uns no lugar de outros, sem razões válidas, ou, melhor, de acordo com razões ilusórias ou inválidas. A não virtude da justiça é, portanto, fazer a acepção de pessoas não de acordo com o mérito, mas muitas vezes apenas devido à proximidade injusta. Aqui estão os *lobbies* – sociais, políticos, e assim por diante –, os esquemas, as escolhas altamente questionáveis de favorecer fulano e cicrano a partir de um único critério: permanecer em evidência, manter o poder intacto, qualquer que seja o custo, invocando talvez lealdade à instituição: Igreja, Estado, partido, corrente, empresa... não importa.

Será que vale a pena falar sobre a escolha dos bispos, os critérios com os quais decidimos que um candidato é bom e o outro não? Não se estaria nivelando por baixo sem respeito por nenhuma das Igrejas? Os próprios eleitos não se reduzem a funcionários que, a esmo, se mudam de uma Igreja para outra sem relação e adaptação à identidade, expectativa e urgência das próprias Igrejas particulares? E sobre a classe política? Os candidatos para o parlamento, o governo, em todas as crises locais, provinciais e regionais? A busca pela pessoa ideal – da pessoa "certa", justamente – está em jogo, ou melhor, a presunção de manipular, de servir, de assegurar que se perpetue este ou aquele regime de interesses particulares, mantendo-se e se firmando a todo custo justamente sobre as ofensas à justiça que são chamadas de insulto, roubo, difamação, escárnio, suspeita, calúnia?

O fato é que a injustiça é a arte dos fracos, dos não fortes; e nosso tempo existe sob o signo da fraqueza – afinal, o medo está em toda parte. Sentimo-nos fortes, gritamos, empurramos, mas na verdade o tom da voz que se eleva, o golpe que deve empurrar o adversário de cabeça para baixo exprime a fragilidade, a fraqueza, a incapacidade para a virtude da fortaleza. E, a esse respeito, ainda hoje se aplica a questão se realmente se trata de uma virtude, devido ao mal-entendido subjacente a todas as ações que exigem força, mas não são nem boas nem belas. Penso na guerra, qualquer guerra.

Mas o operar com firmeza – lembra Tomás, seguindo Aristóteles (cf. *Sm*, II/II, q. 123, a. 2, resp.) – é uma condição intrínseca de toda virtude. E as quatro sobre as quais estamos falando são precisamente as pedras angulares sobre as quais gira a arquitetura do agir virtuoso. Por outro lado, já Gregório, Ambrósio e Agostinho inscreveram a fortaleza entre as virtudes. Portanto, o que estrutura a fortaleza não é nem a ira nem a audácia, mas sim a capacidade de se opor firmemente a tudo que contrasta a ação virtuosa, a capacidade de persegui-la com magnanimidade, confiança, paciência, perseverança.

Opõem-se, portanto, à fortaleza e a flexionam como não virtude, a presunção, a ambição, a pusilanimidade, a vaidade (e suas filhas: a desobediência, a hipocrisia, a contenda, a pertinácia, a discórdia...). Todas, sem exceção, expressam fraqueza, incapacidade de buscar o bem, seja para otimizar a própria vida ou a dos outros, a Igreja e/ou as sociedades civis.

Não se perca o fio sutil que liga fraqueza e acídia ou fraqueza e soberba. A incapacidade de buscar a virtude leva de fato à perda da vontade ao deixar para lá... Mas não menos terrível e devastadora é a supervalorização de si mesmo a todo custo, a insensibilidade ao outro – ou melhor, a consideração desgostosa do outro –, quase como se o próprio fato de ele existir constituísse um perigo para a supervalorização do *ego* e, portanto, para o desejo desenfreado de dominar tudo e todos.

Eu realmente não sei o que é mais devastador para nossas comunidades; trate-se de acídia ou de soberba, estamos em ambos os casos diante de um delírio. Testemunhamos o delírio político daqueles que se propõem como os melhores, sem reservas, sem espaço para críticas, no final sempre construtivas para os desafios que representam e para sua inteligência. Testemunhamos o delírio eclesial do atalho mistificador, do mundanismo enganoso, a condescendência acrítica com os álibis políticos. Procuramos a unidade com aqueles que não a querem, mas temos dificuldade em estar em comunhão com aqueles que sofrem discriminação e marginalização. Sempre e em todo caso, orgulhamo-nos do atalho da verdade possuída, minimizando o esforço de procurá-la e traduzi-la sempre, e necessariamente, em novas formas.

No entanto, a fortaleza não é teimosia, a defesa contumaz do ponto de vista de alguém. Ela é paciência magnânima, mansa e perseverante, que pratica na fidelidade até o fim, "bom combate" (2Tm 4,7).

Prudência e temperança

Encerramos nossa incursão entre vícios e virtudes abrindo espaço para dupla prudência-temperança, na positividade nativa de ambas as virtudes e em sua traição da qual são vítimas. Inútil – ou talvez não? – partir da afirmação de que temos uma grande necessidade de ambas e de que nos faltam; seja como virtudes cristãs, seja como virtudes civis.

A prudência é uma companheira próxima da sabedoria, se não é até mesmo um outro nome para ela. Sabedoria, como aprendemos de Salomão, que a preferiu contra tudo (cf. Sb 7), é "gosto". O verbo latino *sapere* e o rito, agora facultativo, de no batismo com sal introduzir o iniciado ao gosto/sabor dos mistérios divinos, apelando exatamente ao paladar, à experiência do sabor. Mas a sabedoria é ter "sal na cabeça" [forma proverbial italiana que indica a capacidade de raciocinar corretamente]; isto é, dominar o sabor da vida e o dos outros, tanto quanto saber temperar o tempo, o jeito, a variedade, as circunstâncias...

A prudência, em suma, é como uma sábia dosagem de palavras, ações, atitudes, ingredientes; como uma capacidade infinita, plástica, de adaptação.

Já nos referimos a alguns aforismos destinados a afirmar a coincidência na prudência de teoria e prática – e, portanto, a plena identidade de saber e agir –, o que tornaria o elemento dinâmico de todas as virtudes e as mesmas paixões. Bem, o que temos medo de perder hoje é essa dinâmica vital. Por prudência, abandonamos a incapacidade de processar um julgamento ou de manifestá-lo; chamamos de prudência a acídia, a fraqueza, e tudo se inclui nessas constelações. Chamamos de prudência o álibi que nos impede de falar francamente, a iniciativa corajosa, a palavra de denúncia ou simplesmente de verdade. Chamamos de prudência o não discernimento, fechando-nos à evidência dos sinais dos tempos, aguardando a hora de não se sabe quem e o que, quando e onde devemos finalmente dar conta da nossa fé e encarar o mundo.

Não é que faltem investidas, pelo contrário. O fato é que elas não têm nada a ver com a prudência. Por exemplo, nós nos entrincheiramos na tradição, mas na verdade só evidenciamos o tradicionalismo, porque a Tradição, com "T" maiúsculo, nos forçaria a agir ou motivar nossas escolhas.

Então, se eu penso em prudência, corro o risco de tropeçar na hipocrisia de quem – pessoas da Igreja, leigos ou clérigos... isso não importa – cria um álibi para escapar da escolha da pessoa certa no lugar certo, da solução certa na hora certa, da recusa certa no momento em que é necessário pôr um freio na prepotência; é necessário recusar-se em nome do Evangelho.

Olhemos para as nossas comunidades, sejam como forem. Bem, muitas vezes chamamos de prudência o nosso desejo de não ouvir as razões daqueles que têm algo a objetar. Temos medo do interlocutor, sempre: melhor fugir dele, ignorá-lo. Temos medo do presente, sempre: melhor nos projetarmos para o futuro.

Em vez disso, o lugar da adaptação, o lugar onde exercitar a virtude da sabedoria, é justamente o dos nossos dias, da nossa vida, das nossas escolhas, pequenas e grandes. A prudência é a escuta mútua, a atenção mútua, a adaptação dócil ao outro que me provoca, sim, mas não com insolência, mas sim porque, até o fim, posso dar conta de um mundo, de uma Igreja interconectada e solidária. E não é uma questão de voluntarismo, de escolher uma imagem ou um modelo em vez de outro. Não, o mundo e a Igreja, em ativa reciprocidade, são em si mesmos solidários. As escolhas do menor e do maior, desde o mais alto prelado até o último batizado interferem e condicionam-se não menos do que o *habitat* está condicionado pela chuva, pelo sol e pelos ventos que nós profusamente prodigalizamos sobre essa realidade. A natureza orgânica de Gaia é diferente, mas não menos sugestiva e convincente do que a organicidade do corpo do Senhor do qual somos membros.

Pois bem, a imprudência, um esporte refinado que une homens de governo e cidadãos, bispos e leigos, fere fortemente a própria natureza orgânica do corpo, impede seu crescimento e desenvolvimento. Assim como as simples bitucas de cigarro decoram nossas praias, agora mais numerosas do que grãos de areia, o jogo suicida da não escolha, da não adaptação à permanente mudança do mundo que habitamos, bloqueia-nos na construção do Reino de Deus. Certamente construí-lo não é obra nossa, mas pede – aliás, exige – nosso diligente acolhimento, nossa diligente sabedoria.

Aqui não recorro nem aos Padres nem aos Doutores da Igreja. Devo recorrer somente ao Evangelho, ao belíssimo trecho dos "sinais dos tempos" (cf. Mc 13,28s. e par.). Por quê? Porque somos fugitivos (políticos e crentes) diante do trabalho que não existe – aliás, se liquefaz e desaparece; porque permanecemos indiferentes à perversa situação dos jovens que, por mais qualificados que sejam, são rejeitados pelo mercado de trabalho justamente por estarem muito acima do que a oferta de emprego requer como capacitação; e no fronte dos grandes ideais – o da democracia, por exemplo – porque estamos assistindo sem fazer nada a expansão de um câncer devastador que se desespera do desejo de existir e de contar, e tudo reduz à aparência (servil). "O importante é parecer, não ser": esse é o *slogan* de uma famosa casa de moda. E, prudentemente, deixamos as coisas como estão, mas preocupados em defender o indefensável, convencidos de que não deixarmos de lado seria parte de nossa contribuição para o bolo. Sim, convidados não de pedra, queremos participar na divisão do que resta, e não importa se não há futuro. Prudência – imprudência – torna-se assim um fechar os olhos, fingindo que tudo está sob controle, inscrevendo-se na instabilidade de hoje. Depois de nós, o dilúvio, mas isso é outra história.

É claro que a imprudência é também intemperança, falta de moderação, falta de projeto. Sim, o pecado capital entre os capitais, a convergência silenciosa de todos os vícios, é precisamente a incapacidade de planejar, em outras palavras, de profetizar.

Você poderia dizer: o profeta, no entanto, é intemperante. Claro, ele o é na denúncia. Mas a profecia é sempre moderada. É a harmonização de projetos – na verdade, é o recurso ousado ao "projeto"; é a harmonização dos sujeitos, a partilha dos carismas em virtude de querer/saber discerni-los. A profecia vai além da sábia e prudente adaptação para proceder à arte do ritmo, da melodia. Não é coincidência que "temperar" seja um termo usado na gramática da música. Pense-se em Bach, o "Cravo bem temperado"; isto é, bem sintonizado em si mesmo, a fim de que o cravista consiga a otimização da harmonia.

Nós devemos – com dicionário à mão – entrar nas malhas intrigantes dos termos temperar/temperado/temperamento. Acadêmico demais para tentar. Acredito, no entanto, que a metáfora musical será suficiente para nós. Ela bem sugere a virtude para o positivo e o vício que corresponde ao negativo. Harmonizar, conciliar, temperar é precisamente a arte do líder, de quem tem o dom/carisma de liderar. A intemperança que hoje se mostra em nível civil – como não evocar as declarações "intemperantes" de políticos e não políticos. Penso, por último, na provocação de oferecer, nas escolas italianas, uma hora de aula semanal sobre religião islâmica. Por que não pensar um pouco sobre isso. Por que não gastar algum tempo nisso? Esse descuido e intemperança são uma coisa só, e não *ad maiorem Dei gloriam* [para maior glória de Deus].

Aconteceu comigo de, procurando outra coisa, encontrar uma bela imagem da assembleia litúrgica traçada por Inácio Mártir à "Sinfonia do Ágape" (*Ad Ephesios*, 4.2). Eu gostaria de encerrar com palavras de esperança e colocar em circulação um sonho: o de uma Igreja sinfônica, coral, marcada pelo amor mútuo. Eu não penso em algo meloso no qual o bonismo suprime as consciências (isso também se aplica à ordem da vida civil). Penso, na verdade, na harmonia sustentada pelo amor mútuo, que exalta a voz de cada um e de todas as vozes necessita. Penso na Igreja, uma partitura escrita pelo Espírito, no entrelaçamento de seus dons e carismas. E penso em comunidades que se tornem "tempero" testemunhal e nas quais "floresce o Espírito" (*Traditio apostólica*, 41).

Mas o projeto trinitário, a partitura inefável que nos leva ao Cristo que vem, é confiado ao nosso discernimento. Precisamos desvendar o projeto, gritá-lo, traduzi-lo, adaptá-lo, harmonizá-lo, testemunhá-lo. Oxalá todos sejam profetas no povo de Deus!

Integração bibliográfica

O propósito que nos anima, requintadamente intraeclesial, obriga-nos a assinalar o surgimento do tema das virtudes também na reflexão ética contemporânea. Uma notável contribuição para a elaboração dessa perspectiva foi oferecida pelo vigoroso ressurgimento do paradigma ético das virtudes, que encontra na *Ética* de Aristóteles sua primeira definição completa. Criticando a ênfase nas normas, que caracteriza grande parte do debate ético contemporâneo, os proponentes da ética da virtude afirmam que o ponto essencial da vida moral diz respeito à qualificação pessoal de cada homem, e não às regras que ele deve obedecer. Com ênfase no conceito de caráter como elemento essencial e, portanto, nas virtudes como disposições do caráter que melhor expressam a natureza humana e contribuem para aperfeiçoá-la, a ética das virtudes estabelece uma conexão entre as noções de bem, felicidade, virtude e natureza, promovendo uma reflexão sobre a vida considerada como um todo e sobre a melhor maneira de conduzi-la e realizá-la.

À luz dessas considerações, pretendemos oferecer uma breve integração bibliográfica, que pode eventualmente ser útil para o leitor na busca de mais informações e desenvolvimento adicional sobre o assunto.

ABBÀ, G. *Felicità, vita buona e virtù* – Saggio di filosofia morale. 2. ed. Roma: Las, 1995.

ANGELINI, G. "La virtù e la figura del credente". In: MELINA, L. & NORIEGA, J. (orgs.). *Camminare nella luce* – Prospettive della teologia morale a partire dalla "Veritatis Splendor". Cidade do Vaticano: Lateran University Press, 2004, p. 265-278.

ANNAS, J. *Intelligent Virtue*. Oxford: Oxford University Press, 2011.

BARON, M. "Varieties of Ethics of Virtue". In: *American Philosophical Quarterly*, 22, 1985, p. 47-53.

BERTI, E. "La ricezione delle virtù dianoetiche nell'ermeneutica contemporanea". In: *Paradigmi*, 57, 2001, p. 375-392.

CESARIO, A. *Le virtù*. Milão: Jaca Book, 1994.

CHAPPELL, T. (org.). *Values and Virtues* – Aristotelianism in Contemporary Ethics. Oxford: Clarendon Press, 2006, p. 212-225.

COPP, D. & SOBEL, D. "Morality and Virtue: An Assessment of some Recent Work in Virtue Ethics". In: *Ethics*, 114, 2000, p. 515-554.

COZZOLI, M. *Per una teologia morale delle virtù e della vita buona*. Cidade do Vaticano: Lateran University Press, 2002.

CREMASCHI, S. "La rinascita dell'etica delle virtù". In: BOTTURI, F.; TOTARO, F. & VIGNA, C. (orgs.). *La persona e i nomi dell'essere* – Studi di filosofia in onore di Virgilio Melchiorre. Milão: Vita e Pensiero, 2002, p. 565-584.

D'AVENIA, M. "La conoscenza per connaturalità delle virtù – Riflessione in margine all'epistemologia aristotelica della prassi". In: *Acta Philosophica*, I, 1998, p. 23-40.

DA RE, A. "Virtù universali e liberali?" In: *Fenomenologia e società*, 29, 1/2006, p. 84-106.

_____. "La riscoperta delle virtù nell'etica contemporanea: guadagni e limiti". In: DA RE, A. & DE ANNA, G. (orgs.). *Virtù, natura e normatività*. Pádua: Il Poligrafo, 2004, p. 233-261.

_____. "Il ruolo delle virtù nella filosofia morale". In: COMPAGNONI, F. & LORENZETTI, L. (orgs.). *Virtù dell'uomo e responsabilità storica* – Originalità, nodi critici e prospettive attuali della ricerca etica della virtù. Cinisello Balsamo: San Paolo, 1998, p. 55-79.

_____. "Virtù, valore e razionalità pratica". In: BERTI, E. (org.). *La razionalità pratica* – Modelli e problemi. Gênova: Marietti, 1989, p. 153-166.

DRIVER, J. *Uneasy Virtue*. Nova York: Cambridge University Press, 2011.

FOOT, P. *Virtues and Vices and other Essays*. Berkeley: University of California Press, 1978 [2. ed. 2002] [trad. it.: *Virtù e vizi*. Bolonha: Il Mulino, 2008].

GALLETTI, M. "Etica delle virtù e oggettività morale". In: BONGIOVANNI, G. (org.). *Oggettività e morale* – La riflessione etica del Novecento. Milão: Mondadori, 2007, p. 188-191.

GARCÌA DE HARO, R. *L'agire morale e le virtù*. Milão: Ares, 1988.

GEACH, P. *The Virtues*. Cambridge: Cambridge University Press, 1977.

HUKKA, T. *Virtue, Vice and Value*. Oxford: Oxford University Press, 2001.

HURSTHOUSE, R. *On Virtue Ethics*. Oxford: Oxford University Press, 1999.

KOLLER, P. "Law, Morality and Virtue". In: WALZER, R. & IVANHOE, P. (orgs.). *Working Virtue* – Virtue ethics and Contemporary Moral Problem. Oxford: Clarendon, 2007, p. 191-205.

KRUSHWITZ, R. & ROBERTS, R.C. (orgs.). *The Virtues* – Contemporary Essays on Moral Character. Belmont: Wadsworth, 1987.

MacINTYRE, A. *Animali razionali dipendenti* – Perché gli uomini hanno bisogno delle virtù. Milão: Vita e Pensiero, 2001.

_____. *Dopo le virtù* – Saggio di teoria morale. Milão: Feltrinelli, 1988 [Roma: Armando, 2007] [em português: *Depois da virtude*. Bauru: Edusc, 2001].

MANGINI, M. (org.). *L'etica delle virtù e i suoi critici*. Nápoles: La città del Sole, 1996.

MEILANENDER, G. *The Theory and Practice of Virtue*. Notre Dame: University of Notre Dame Press, 1984.

MERRIEHEW ADAMS, R. *A Theory of Virtue* – Excellence in Being for the Good. Oxford: Clarendon, 2006.

MICHELETTI, M. "Persona nell'etica delle virtù". In: *Hermeneutica*, 2006, p. 401-417.

_____. "Etica delle virtù". In: *Cultura ed Educazione*, 10, 2/1997, p. 10-15.

_____. "Virtù private, pubbliche virtù – Moralità personale ed etica pubblica nella recente filosofia morale". In: *Prospettiva EP*, 17, 1/1995, p. 19-41.

PELÁEZ, M. *L'arte di vivere bene* – Beni, virtù, norme. Milão: Ares, 2007.

SAMEK LODOVICI, G. *L'emozione del bene* – Alcune idee sulla virtù. Milão: Vita e Pensiero, 2010.

_____. *Il ritorno delle virtù* – Temi salienti della Virtue Ethics. Bolonha: ESD, 2009.

_____. "Virtù e ragione pratica". In: BOTTURI, F. (org.). *Prospettiva dell'azione e figure del bene*. Milão: Vita e Pensiero, 2008, p. 76-87.

SCHOCKENHOFF, E. "La virtù e il bene". In: MELINA, L. & NORIEGA, J. (orgs.). *Camminare nella luce* – Prospettive della teologia morale a partire dalla "Veritatis Splendor". Cidade do Vaticano: Lateran University Press, 2004, p. 239-263.

STATMAN, D. (org.). *Virtue Ethics*. Edimburgo: Edinburgh University Press, 1997.

SWANTON, C. *Virtue Ethics* – A pluralistic View. Oxford: Oxford University Press, 2003.

TESSMAN, L. *Burdened Virtues*. Nova York: Oxford University Press, 2005.

VAN HOOFT, S. *Understanding Virtue Ethics*. Teddington: Acumen, 2006.

WALLACE, J. *Virtues and Vices*. Ithaca: Cornell University Press, 1978.

CULTURAL

Administração
Antropologia
Biografias
Comunicação
Dinâmicas e Jogos
Ecologia e Meio Ambiente
Educação e Pedagogia
Filosofia
História
Letras e Literatura
Obras de referência
Política
Psicologia
Saúde e Nutrição
Serviço Social e Trabalho
Sociologia

CATEQUÉTICO PASTORAL

Catequese
Geral
Crisma
Primeira Eucaristia

Pastoral
Geral
Sacramental
Familiar
Social
Ensino Religioso Escolar

TEOLÓGICO ESPIRITUAL

Biografias
Devocionários
Espiritualidade e Mística
Espiritualidade Mariana
Franciscanismo
Autoconhecimento
Liturgia
Obras de referência
Sagrada Escritura e Livros Apócrifos

Teologia
Bíblica
Histórica
Prática
Sistemática

REVISTAS

Concilium
Estudos Bíblicos
Grande Sinal
REB (Revista Eclesiástica Brasileira)

VOZES NOBILIS

Uma linha editorial especial, com importantes autores, alto valor agregado e qualidade superior.

VOZES DE BOLSO

Obras clássicas de Ciências Humanas em formato de bolso.

PRODUTOS SAZONAIS

Folhinha do Sagrado Coração de Jesus
Calendário de mesa do Sagrado Coração de Jesus
Agenda do Sagrado Coração de Jesus
Almanaque Santo Antônio
Agendinha
Diário Vozes
Meditações para o dia a dia
Encontro diário com Deus
Guia Litúrgico

CADASTRE-SE
www.vozes.com.br

EDITORA VOZES LTDA.
Rua Frei Luís, 100 – Centro – Cep 25689-900 – Petrópolis, RJ
Tel.: (24) 2233-9000 – Fax: (24) 2231-4676 – E-mail: vendas@vozes.com.br

UNIDADES NO BRASIL: Belo Horizonte, MG – Brasília, DF – Campinas, SP – Cuiabá, MT
Curitiba, PR – Fortaleza, CE – Goiânia, GO – Juiz de Fora, MG
Manaus, AM – Petrópolis, RJ – Porto Alegre, RS – Recife, PE – Rio de Janeiro, RJ
Salvador, BA – São Paulo, SP